教室で行う特別支援教育 3

教室でできる
特別支援教育のアイデア
172
小学校編

月森久江 編集

図書文化

本書の刊行に寄せて

中根　晃（元都立梅が丘病院院長）

　本書は，小学校でのLD，AD/HD，高機能自閉症などの児童の学習指導，対人関係の指導の際に，どのように工夫すればスムーズに学級を運営できるか，172のアイデアを系統的にまとめたものである。

　編者の月森久江さんは，日本LD学会の設立当初からの会員で，わが国のLD教育の草分け的存在である。

　平成12・13・14年度に東京都が，「学習障害に関する調査研究協力者会議の報告」（文部省：当時）に示された試案の有効性の検証のために，杉並区立第七小学校と杉並区立中瀬中学校を研究協力校に指定して杉並区全体での取り組みを試行した際，月森さんは情緒障害学級担当教員として，校内委員会の設置やLDの児童生徒の指導法についての共同研究で活躍された。

　その後も，読み書き障害などのLDの児童生徒の指導法を，高次脳障害に関する研究書などを参考に開発して実行するなど，児童生徒一人一人のニーズに合わせた教育を実践されている。さらに，小学校・中学校を問わず，全国にも出向いて，LDの教育の現場に助言をしてきている。

　こうした研究と自己研鑽の中から，本書の多数のキーワーズが生まれたのであろう。本書は，多くの同僚の協力のもとに，項目ごとにキーワーズを肉付け，実際の指導にあたっての具体的方策を示唆するものとなっている。

　特別支援教育は，配慮だけでは機能しない。しかし，ではどう教えたらいいかというと，わからないことが多々ある。そうしたときに利用していただきたいのが，教本としての本書である。

　また，本書にそった指導を実践することで，学校教育に携わる先生方に，障害をもった児童生徒に教える喜びを実感していただけるものと確信している。

まえがき

　　　　　　　　　　　　　　　　　　　　　　　　　編者　月森　久江

　十数年前は，学校関係者にLD（学習障害）やAD/HD（注意欠陥／多動性障害）についてのお話をすると，「本校には障害がある児童はいません」「新たな障害をつくるのですか」「児童にレッテル貼りはできません」「どうやって障害だということがわかるのですか」というご意見がたくさん聞こえました。

　しかし最近は，「ご自分が受け持った学級に，こんな児童はいませんでしたか？」という問いかけから始めて，理解と対応をお話をしていくと，先生方の表情がしだいに真剣になり，身を乗り出して聞いている姿に出会うようになりました。

　軽度発達障害のある児童は，いままで，学習に遅れがある，自分勝手な行動をする，自覚が足りない，話が通じない，などと思われていた子どもたちです。小学校低学年の子どもは，自分の行動を自覚できるまでには至っていませんから，なかには，自分の内側からおきる興味関心や欲求不満をどのように処理したらよいかわからずに教室を飛び出してしまったり，大声をあげてしまったりする子どももいます。

　しかし，子どもの気持ちを代弁するならば，「もっとわかりやすく教えて」「ゆっくり，ていねいに説明して」「もっとヒントや手がかりがあればできるのに」「ぼく（私）のことわかってよ」という悲痛な声が聞こえてきていました。

　平成13年から，文部省（現：文部科学省）は「通常の学級に在籍する特別な教育的支援を必要とする児童生徒に関する全国実態調査」を行いました。その目的は「学習障害（LD），注意欠陥／多動性障害（ADHD），高機能自閉症等，通常の学級に在席する特別な教育的支援を必要とする児童生徒の実態を明らかにし，今後の施策の在り方や検討の基礎資料とする」ことにありました。

　調査結果は，知的な発達に遅れはないものの，学習面や行動面で著しい困難をもつと担任教師が回答した児童生徒の割合が，6.3％でした。この数字は，40人学級でいえば1クラスに2～3名，30人学級でいえば1クラスに2名程度であるという割合になります。

　文部科学省の「今後の特別支援教育の在り方」に，特別支援教育に関する基本的な考え方として，「（前略）LD，ADHD，高機能自閉症を含めて障害のある児童生徒の自立や社会参加に向けて，その一人一人の教育的ニーズを把握して，その持てる力を高め，生活や学習上の困難を改善又は克服するために，適切な教育や指導を通じて必要な支援を行うものである」とあります。いま，まさに教育には，このような子どもたちの側にたった，質の高い適切な対応が求められています。

　学校現場では，子どもたちのつまずきや困難は見えてきています。しかし，対応にはま

だまだ苦慮していて「何から手をつけたらよいかわからない」「どう指導していったらいいのだろう」「教材は何を使ったらよいか教えて欲しい」「行動をどう解釈したらよいのだろう」という疑問や質問があふれています。

　本書はこのような教育現場の要望に応えるとともに、教師や指導者、巡回相談員、スクールカウンセラー、保護者にも幅広く活用できるよう、わかりやすく具体的な支援策を示してあります。さらに、タイトルからの検索で、知りたい情報がすぐ手に取れるような構成になっています。

　分担執筆していただいた方々は、全国各地で、長年、軽度発達障害をもつ児童への理解啓発活動を展開し、指導者としても創意工夫した授業や支援を実践しています。

　第一章では、授業中を想定し、一斉指導の中でどのように個別の配慮を組み込んだらよいかを具体的に示しています。学習面や行動面でのつまずきがある児童へ、個別に指導するときの指導法や教材としても活用できます。

　第二章では、生活全般の中での支援教材や対応方法を提示しています。アカデミックスキル（教科学習）の発達を促すために、ソーシャルスキル（社会性）の発達が基盤になることは言うまでもありません。学校、家庭、専門機関などとも連携して取り組める内容になっています。

　第三章は、学校場面で「困ったな」と感じられる行動について、その行動の背景や行動の解釈をおこなうことで、その対応への具体策を示しています。いままで見えなかった視点や柔軟な対応を示した支援方法です。

　各章でとりあげた内容は、LD、AD/HD、高機能自閉症などの特徴的な言動や状態像を取り上げて支援方法や対応を示していますが、実際の課題の与え方や配慮方法については、これらのアイデアや教材をヒントに、柔軟に取り入れてご活用いただければ幸いです。

　さらに、このような柔軟な対応は、実はどの子どもへの支援にもつながることをご理解いただけることを願ってやみません。

目次 教室でできる特別支援教育のアイデア172　小学校編

第1章	学習に関する支援	11
第2章	ライフスキルの支援	95
第3章	問題行動への対応	171

本書の刊行に寄せて　2
まえがき　3

第1章　学習に関する支援 …………11

1　聞くことが苦手な子 ──12

①長い語句が聞き取りにくい　12
　宝探しゲーム
　あなたはだあれ？
②拗音促音が正確に聞き取れない　14
　カルタを使って聞き取り練習
　2人で書き取り練習
③同じことを何回も聞く　16
　聞き取り競争
　聞き耳ビンゴ
④きちんと聞いていない　18
　「聞こえたかな？見えたかな？」一回きりの聞き取り練習
　しっかり聞いて「復習○×クイズ」
⑤言語による指示の理解がむずかしい　20
　先生の指示とプリントで折り紙をしよう
　地図で遊ぼう

2　話すことが苦手な子 ──22

①言いたいことがうまく言えない　22
　絵やカードで順序よく話そう
　「簡単作文」で順序立てて話そう
②相手が何を言ったか忘れてしまう　24
　いつ，どこで，だれが，何をしたゲーム
　伝言ゲームとしりとりで楽しく覚える
③助詞・構文の誤り，ふさわしくない言葉づかいがある　26
　助詞カードを置こう
　絵カード「こんなときなんて言えばいいの？」
④尋ねられたことに答えられない　28
　お話を覚えてプリントに答えよう
　カードをヒントにしてお話をしよう
⑤吃音や構音障害がある　30
　先生と一緒に音読しよう
　簡単発音練習

3　読むことが苦手な子 ──32

①文字に関心がない　32
　言葉探しゲーム
　ひらがな神経衰弱
②読み誤りが多い　34
　単語や文のまとまりがわかりやすい工夫
　読んでいる行がわかりやすい工夫
③文字が読めても意味が理解できない　36
　ジェスチャーや挿絵を手がかりに
　4コマまんがで展開を理解
④漢字の読みが覚えられない　38
　漢字と読みのマッチングゲーム
　「言葉の足し算・引き算」で熟語を読もう

5

4　書くことが苦手な子 ―――40

①ひらがなが読めても書けない　40
　ひらがなパズル
　続きを書こう
②形を構成できない　42
　足し算で漢字をつくる
　漢字間違い探し
③書き順が覚えられない　44
　書き順シート
　文字書き歌
④漢字の偏とつくりのバランスが悪い　46
　補助線入りワークシート
　バランスに気をつけて続きを書こう
⑤聞いたことを文字につづれない　48
　カードで単語づくり・カードで短文づくり
　「聞き書き」ワークシート

5　忘れやすい子 ―――50

①多動でせわしなく，話を聞いていない　50
　話を聞くポイントの意識化
　活動を入れる
②自分の持ち物を覚えていない　52
　チェックシートで持ち物を確認
　持ち物にマークをつける
③ノートに書きとめたり，メモをとることをいやがる　54
　メモしやすい表
　メモの代わりのカード
④物事を順序よく整理できない　56
　観点記入用紙で情報を整理
　手順を整理して示す

6　算数でつまずく子 ―――58

①数量概念がつかみにくい　58
　具体物の操作で量をとらえる
　一目で数量をつかむ
②数えるのが苦手で間違いが多い　60
　マグネットを置いて数える
　数ものさしを手がかりに
③十進法の仕組みが理解できない，四則計算が覚えにくい　62
　立体の位取り板
　手順カードで計算の手順を確かめる
④文章題のような数学的推論ができない　64
　キーワードに印をつける
　図や絵を手がかりに順を追って考える
⑤空間関係が理解できないため，図形の把握がむずかしい　66
　箱を積んで立体にふれる
　透明立体を使って辺の関係をつかむ

7　運動が苦手な子 ―――68

①身体意識が弱く，動きがぎこちない　68
　体を意識する活動
　左右を意識する活動
②器用に動けない　70
　音楽に合わせて全身運動
　軍手キャッチボールで目と手の感覚を養う
③疲れやすく，運動をすぐやめてしまう　72
　上手な休憩タイム
　ゴールの先のお楽しみ
④人前で体操や演技をいやがる　74
　絶対拍手してくれる人の前で演じる
　いろいろな参加の仕方もOK
⑤リズミカルな動きが苦手　76
　体の動きをストップさせる練習
　リズム感を養う練習

8　手先が不器用な子 ―――― 78

①見ている部分に正確に筆を動かすのがむずかしい　78
　文字がくれ迷路
　定規の上手な使い方
②指先の動きがなめらかでない　80
　粘土で指先の感覚を高める
　むかし遊び
③折る，たたむなどが苦手　82
　角と角を合わせる練習
　手順表と完成図を手がかりに
④空間をイメージする力が弱い　84
　展開図から立体を作る
　展開図から多面体や立体を探す
⑤工作が上手にできない　86
　貼り絵で道具の使い方をマスター
　未来の乗物やロボット作り

9　整理・整頓ができない子 ―――― 88

①どこに片づけるかがわからない　88
　片づける場所に文字・図・写真で目印
　しまう場所を色で示す
②必要な物と，そうでない物の区別がむずかしい　90
　フィニッシュボックス
　整理バッグと自分のマーク
③整理・整頓のコツが覚えられない　92
　作業する場所を区切る
　写真や絵で終わりの形を示す

第2章　ライフスキルの支援 …………95

1　集団での話し合いができない子 ―――― 96

①話題やテーマを理解できない　96
　具体物を手がかりにして話す練習
　話し合いの流れを示す表やカード
②自分の考えを言葉で表現できない　98
　身振り手振りで意思表示
　時間をもらうための言葉
③会話がうまく聞き取れない　100
　「話し手カード」で聞き取る練習
　話のポイントを箇条書きする
④自己主張ばかりする　102
　王様の言うとおりゲーム
　絵でわかる，他者と自分の考えの違い
⑤人前や集団場面で緊張しやすい　104
　安心感をもてるように座席を少し離す
　グループの代表がその子の意見を伝える

2　係や当番活動ができない子 ―――― 106

①自分の係分担が理解できない　106
　係カードでチェック
　朝の会と帰りの会でチェック
②当番活動を面倒がる　108
　音楽を取り入れ楽しく掃除
　公平な分担を話し合って図にする
③何をしたらよいかわからない　110
　自分の仕事ができたか，絵を見て確認する
　委員会の仕事カード
④集中力に欠け，やりとげられない　112
　「何をどうするか」をひと目でつかむ工夫
　自分の得意な係活動を見つける

3　衝動性の高い子 ―――――― 114

①思いつくとすぐに行動してしまう　114
　振り返りカードでポイントゲット！
　指示を伝えるハンドサイン

②状況を理解して適切な行動をとるのがむずかしい　116
　図で示す「ビデオ巻き戻しタイム」
　チャンネルを切りかえよう！

③問題解決の手段として学んでしまっている　118
　注意は静かなブロークンレコードで
　計画的な無視でクールダウン

④相手を傷つける言葉を言ってしまう　120
　ルンルン言葉で話そう！
　ルンルン言葉でブルーカードを増やそう！

4　コミュニケーションがとれない子 ―――――― 122

①家庭では話すのに学校では黙っている　122
　安心感の得られる学級づくり
　はい，いいえカード

②相手の考えや気持ちを上手に読み取れない　124
　表情カード
　困ったノート

③会話のルールを理解できない　126
　会話の仕方を練習しよう
　マンガカードで気持ちを考えよう

④自分の言いたいことだけを言う　128
　ロールプレイで話し手と聞き手の役割交代
　生活体験を説明する

5　人と上手にかかわれない子 ―――――― 130

①自己主張が強い　130
　発言のルールを見守る「ボール人形」
　自分を落ち着かせるおまじない

②気ばかり焦り，相手の前で緊張する　132
　自分だけのリラックス法
　話をしっかり聞いて「お話リレー」

③興味が偏って共通の話題に乏しい　134
　友達のいいとこ探し
　「好きなものガイド」作り

④社会的スキルが未熟　136
　友達が読んだ絵本の題名を聞こう
　よくある場面の4コマ紙芝居

⑤依存性が強く，自主的な行動が少ない　138
　自信をつける「振り返りカード」
　おたすけチケット

6　順番・ルールが守れない子 ―――――― 140

①ルールが理解できない，覚えられない　140
　わかりやすい箇条書きとカード
　マナーの練習

②順番や勝ちに強くこだわる　142
　事前の約束とタイミングのよい声かけ
　見通しがもてる順番の決め方

③感情のコントロールが上手にできない　144
　発想の転換でピンチを楽しむ
　ひと休みスペースで気分転換

④協調性が弱い　146
　協力することを具体的な行動目標や手順で
　一人一人の役割が見つかるように

⑤注意が続かず途中でルールがわからなくなる　148
　ルールをいつでも見て確認
　順番やルールがわかりやすい工夫

7　こだわりのある子 —————150

①物の位置や順序が変えられない　150
　　移動する場所を決めて予告しておく
　　みんなが元の場所に返す習慣づくり
②手順どおりしないと気が済まない　152
　　「今日はここから」の目印
　　複数のパターンをつくる
③特定の人がいないと気が済まない　154
　　いない人の予定を伝える
　　担任代理をつくる
④大事な物が手放せない　156
　　手放す時間を少しずつ長くしていく
　　形を変える
⑤いったん思い込むと変えられない　158
　　切りかえの手伝い
　　気持ちを切りかえる合い言葉

8　視覚認知の弱い子 —————160

①地から図を取り出せない　160
　　余分な情報をカットする
　　プリントの工夫
②空間（言葉と位置）が理解できない　162
　　位置や方向を表す言葉を教室に示す
　　方向感覚を身につける運動
③目で見た情報を記憶してノートに写せない　164
　　わかりやすい板書の工夫
　　書く量を減らす工夫
④道を教えられても行くことがむずかしい　166
　　視覚的手がかりと地図で校内探検
　　視覚的手がかりと道順メモで目的地へ
⑤情報を正確にとらえられない　168
　　作業手順と作業時間をわかりやすく
　　スケジュール表の掲示

第3章　問題行動への対応 …………171

①教室を飛び出す　172
　　どこに行ってしまうかわからない場合
　　いつ出て行ってしまうかわからない場合
②他者や自分を傷つける　174
　　すぐ手が出てしまう場合
　　混乱すると自分をぶったりかんだりする場合
③友達の物をすぐ取る　176
　　「だれの持ち物か」という意識が薄い場合
　　黙って取ってしまったり，使ってしまったりする場合
④乱暴な言葉を使う　178
　　いやなことがあると配慮ない言葉を使う場合
　　乱暴な言葉や悪口をわざと言う場合
⑤すぐ泣く　180
　　ささいなことですぐに泣いてしまう場合
　　なかなか泣きやまない場合
⑥大きな音を怖がる　182
　　音がいやでパニックを起こしたり，教室から出てしまう場合
　　周囲の子どもたちが理解しない場合
⑦ぼーっとしている　184
　　一斉に話されたことを聞き取れない場合
　　一斉の指示では行動できない場合
⑧集中できず，落ち着きがない　186
　　１つのことをやりとげられない場合
　　さまざまな刺激に過剰反応してしまう場合

第1章 学習に関する支援

① 聞くことが苦手な子
①長い語句が聞き取りにくい
②拗音促音が正確に聞き取れない
③同じことを何回も聞く
④きちんと聞いていない
⑤言語による指示の理解がむずかしい

② 話すことが苦手な子
①言いたいことがうまく言えない
②相手が何を言ったか忘れてしまう
③助詞・構文の誤り，ふさわしくない言葉づかいがある
④尋ねられたことに答えられない
⑤吃音や構音障害がある

③ 読むことが苦手な子
①文字に関心がない
②読み誤りが多い
③文字が読めても意味が理解できない
④漢字の読みが覚えられない

④ 書くことが苦手な子
①ひらがなが読めても書けない
②形を構成できない（正確に書けない）
③書き順が覚えられない
④漢字の偏とつくりのバランスが悪い
⑤聞いたことを文字につづれない

⑤ 忘れやすい子
①多動でせわしなく，話を聞いていない
②自分の持ち物を覚えていない
③ノートに書きとめたり，メモを取ることをいやがる
④物事を順序よく整理できない

⑥ 算数でつまずく子
①数量概念がつかみにくい
②数えるのが苦手で間違いが多い
③十進法の仕組みが理解できない，四則計算が覚えにくい
④文章題のような数学的推論ができない
⑤空間関係が理解できないため，図形の把握がむずかしい

⑦ 運動が苦手な子
①身体意識が弱く，動きがぎこちない
②器用に動けない
③疲れやすく，運動をすぐやめてしまう
④人前での体操や演技をいやがる
⑤リズミカルな動きが苦手

⑧ 手先が不器用な子
①見ている部分に正確に筆を動かすのがむずかしい
②指先の動きがなめらかでない
③折る，たたむなどが苦手
④空間をイメージする力が弱い
⑤工作が上手にできない

⑨ 整理・整頓ができない子
①どこに片づけるかがわからない
②必要な物と，そうでない物の区別がむずかしい
③整理・整頓のコツが覚えられない

聞くことが苦手な子	1
話すことが苦手な子	2
読むことが苦手な子	3
書くことが苦手な子	4
忘れやすい子	5
算数でつまずく子	6
運動が苦手な子	7
手先が不器用な子	8
整理・整頓ができない子	9

1 聞くことが苦手な子① 長い語句が聞き取りにくい（聴覚的

このような子に

聴覚的短期記憶に弱さがあって，長い語句の聞き取りが苦手な子に，ゲームを生かして，注意して言葉を聞き取らせたり，聞いた言葉を覚えさせたりすることを練習します。聞き取ったことが，グループの成績につながるので，意欲をもって取り組むことができます。

アイデア1 宝探しゲーム

①グループから1人ずつ出て先生に宝のありかを聞く

［指令］音楽室の後ろの戸だなの上から3番目の引き出しに💰が入っています

②聞いた指令をグループの友達に伝え，みんなで宝をさがす

［準備］
・教室の内外に何ヶ所かコインやメダルをかくしておく
［ルール］
・何回かやってとった宝の多いグループの勝ち
・3つのグループの代表者が1つの指令を一緒に聞く
・指令を忘れたら，何度も聞き返してよい

［留意点］「指令」の長さや複雑さは，学年によって工夫し，適切なものを準備します。

［応用］使用する言葉を複雑にしたり，「指令」そのものを長くしたりすることで難度を上げると，高学年にも使用できます。聞き取ったことをメモさせると，「聴写」の練習にもなります。国語のトレーニングとしても使えます。

短期記憶に弱さがある

このような子に
長い語句の聞き取りが苦手だったり，ヒントの言葉から課題のものをイメージすることの苦手な子がいます。注意して言葉を聞き取ろうとしたり，聞いた言葉を覚えて自分の番のときに使ってみることの練習になります。

アイデア 2 あなたはだあれ？

①教卓の上に並んでいるカードを見る

各班の代表1人が先生の机の上にある絵カードを見て，好きなものを1つ決めて待つ

③ヒントを全部言い終わったら答える

②自分の班にもどってヒントを言う

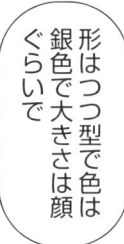 

自分が決めた絵の「形」「色」「特徴」「大きさ」「用途」をヒントとして班で言う

[準備]
・絵カードは「動物」「植物」「生活用品」などから
・班でジャンケンして順番を決める
・あてた子のためのコインを用意し，多く集めた子が勝ち

（留意点）勝敗だけにこだわらないように気をつけます。聞き取ることが主となるため，集中して聞くことができるよう，座席を向き合わせたり，他のグループと離したりすることも必要です。

（応用）課題を「職業」や「物語の主人公」などに変えると，高学年でも楽しめます。聞き取ったことをメモさせると，「聴写」の練習にもなります。

1 聞くことが苦手な子②
拗音促音が正確に聞き取れない

このような子に

拗音（ゃゅょ）や促音（っ）を含む単語や文節を聴き取ることの苦手な子に，一つ一つの音を意識し，正確に聞き取ることができるようにするための練習として，カルタをします。最初に拗音や促音を含む単語を書かせるため，単語の習得にも効果的です。

カルタを使って聞き取り練習

①カード作り
- 子ども同士のペアをつくり，拗音や促音を含む言葉をカードにたくさん書いていく。
- カードにはひらがなで書き，同じ言葉を2枚ずつ作る

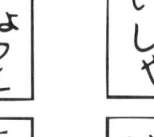
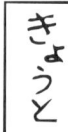

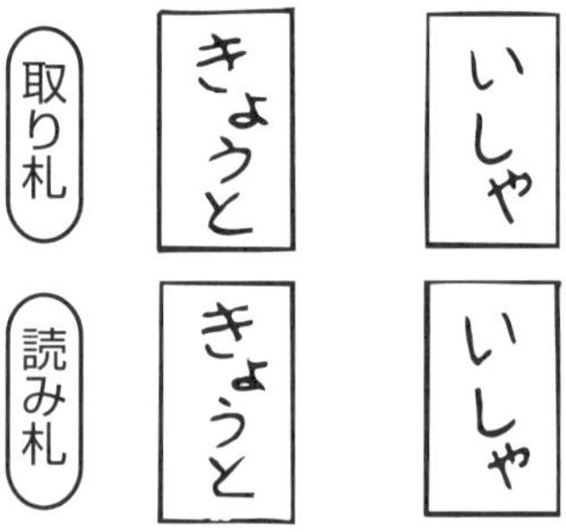

②カルタとり
- ペアの1人が読んで1人がカルタを取る。
- 取った札は合っているかたしかめる。

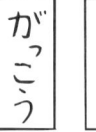

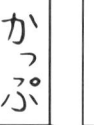

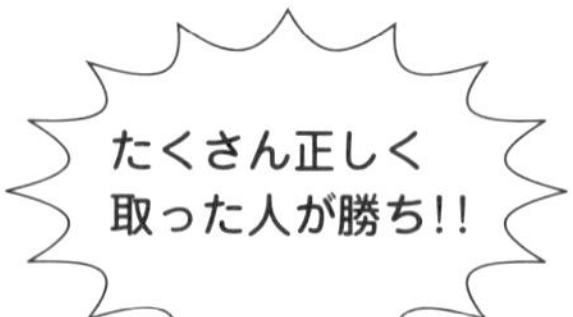

[留意点] 低学年は，拗音や促音の学習のあとに，学級全体でカードを作ってもよいです。一音一音の聞き取りのために行う活動なので，高学年であってもカードはひらがなで書かせます。

[応用] カードを作っておけば，別のペアとカードを交換して何度も対戦できます。短い単語から始め，徐々に単文などへ移行していくと，難度が上げられます。

> **このような子に**
>
> 拗音や促音を含む単語や文節を聴き取ることが苦手な子に，一つ一つの音を意識し，正確に聞き取ることができるようにするための練習として，短文作りをします。最初に拗音や促音を含む単語を書かせるので，単語の習得にも効果があります。

2人で書き取り練習

①拗音や促音を含む短文を2人組でたくさん作る

ぼくは野球のピッチャーです	ガラスのコップをガチャーンとわった	スパゲッティにケチャップをかけました	今日、チョコレートチップを買いました

②読み手がカードを読み，もう1人が聞いた内容をノートに書く

[ルール]
・聞き書きしたものはカードと比べて，正解ならコインをもらう
・2〜3回で交代する

留意点 一音一音の聞き取りのために行う活動なので，短文をカードに書くときは，高学年であっても，拗音や促音の部分をひらがなやカタカナで書かせたほうがよいです。聞き取りの際は，促音や拗音を含む単語部分のみを書いてもよいです。

応用 カードを作っておけば，別のペアとカードを交換することもでき，何度も対戦できます。

1 聞くことが苦手な子③
同じことを何回も聞く

このような子に
同じことを何度も聞く子に，相手の言葉に注意を集中させ，きちんと聞き取るようにさせる練習を行います。楽しく意欲的に取り組むことができます。

1 聞き取り競争

［やり方］

①あらかじめ太枠が入っている用紙を配る

②1から順に先生の言った言葉をマスに書き入れる
「1は，そらまめ」
「2は，ライオン」など

③言うのは一度だけ

④太枠の文字を使って言葉を考える

⑤用紙を拡大したもので答え合わせをする

⑥ほかにも，枠の中の言葉をさがす

［他にもできる言葉の例］
とうみん，めいそう

わかった，遠足だ

［留意点］ 太枠の言葉は，身近な言葉を使います。繰り返し行うことで，聞き取って書くことに慣れさせます。

［応用］ ビンゴ用紙のマス目を増やし，言葉を長く複雑にすれば，難度が上がり，高学年にも使えます。また言葉だけではなく短文を使うことで，より複雑にできます。太枠の配置を変え，組み合わせてできる言葉を複雑にすることができます。

> **このような子に**
>
> 同じことを何度も聞く子に,相手の話に注意を集中させ,きちんと聞き取り,用紙に記入させる練習をさせます。聞き返せないというルールにすることで集中力を養います。

アイデア 2 聞き耳ビンゴ

①2組になって,テーマを決めて,交互に1つずつテーマにそった単語を言う(テーマ例:野菜,お菓子,動物)

②その単語をビンゴ用紙の好きなマスに書く

テーマが「お菓子」のときの例

アメ	だんご	プリン	キャラメル
おはぎ	アイスクリーム	チョコレート	ケーキ
まんじゅう	ドーナツ	ガム	ようかん
シュークリーム	せんべい	かきごおり	だいふく

③2人で交互に単語を1個ずつ読みあげ,1列そろったらビンゴ

[ルール]
・単語は1回しか言えない(聞き返せない)
・テーマを変えて何度か勝負する
・2人でも小グループでもできる

留意点 単語のテーマは,学年によって身近なものにします。繰り返し行うことで,聞き取って書くことに慣れさせることも必要です。

応用 ビンゴ用紙のマス目を増やし,複雑にすれば難度が上がり,上学年にも使えます。高学年の場合は,グループの人数を増やしたり,学級全体で行うことに挑戦してもよいでしょう。

1 聞くことが苦手な子④
きちんと聞いていない（注意を集中

このような子に
注意集中が困難で，きちんと話を聞くことができない子に，集中して話を聞こうとする態度を育てる練習になります。カードも提示するので，より集中しやすく，またゲーム形式で行うので，楽しく意欲的に取り組むことができます。

アイデア1 「聞こえたかな？見えたかな？」一回きりの聞き取り練習

①問題を出す

一度しか言わないよ「こんちゅう」

先生がカードを一瞬だけ見せながら声に出して単語を言う。文字カード，絵カードのどちらを使ってもよい

②言われた単語をノートに書きとる

最後まで書きとったら答え合わせをする。多く正解した人がシールをもらう

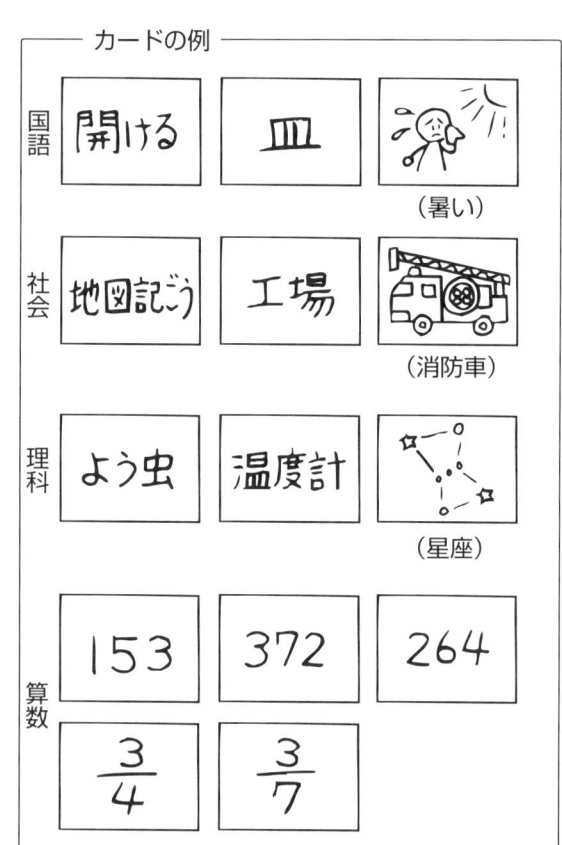

カードの例

国語	開ける	皿	（暑い）
社会	地図記ごう	工場	（消防車）
理科	よう虫	温度計	（星座）
算数	153　372　264　$\frac{3}{4}$　$\frac{3}{7}$		

[留意点] 提示する言葉は，現在の学年で学習している単語や漢字になるよう配慮します。繰り返し練習させ，集中して聞くことに慣れさせます。

[応用] 提示する単語を複雑にすることで，高学年にも使うことができます。「日用品」「文房具」「食べ物」「動物」などのグループや，「○○さんの好きなものシリーズ」など，子どもたちの興味があるものでカードを作ることもできます。

させるのがむずかしい）

このような子に
注意集中が困難で，きちんと話を聞くことができない子に，集中して話を聞こうとする態度を育てる練習になります。

しっかり聞いて「復習○×クイズ」

[ルール]
・身近な復習問題に○×で答える
・○なら立つ。×なら座る
・問題は2～3回しか言わない
・正解の子には，おはじきが配られる

[問題例]
「月は夜になると自分で輝く」
「日本で2番目に長い川は利根川である」
「カミナリは音と同時に落ちてくる」
「小野妹子は女の人」

[留意点] 学年に応じた復習問題になるよう配慮します。また，学年によって文の長さを変え，難度を変えます。立つ，座るという動作で騒がしくなるときは，「○×カード」などで意思表示させます。

[応用] 「学校のことシリーズ」「みんなの得意なことシリーズ」「町内の名物シリーズ」など，取り上げる題材を応用できます。

1 聞くことが苦手な子⑤

言語による指示の理解がむずかし

このような子に
口頭で説明されただけでは，内容をよく理解できない子どもに，絵や写真などの補助的なプリントを使って，言葉の意味を理解させます。それと同時に，説明を繰り返し聞かせることで，言われている言葉と表している内容を理解し，作業することができるようになります。

先生の指示とプリントで折り紙をしよう

①折り方のプリントを配り，子どもに折り紙を折らせる

②子どもが折っている工程の説明文を教師がくり返し読んで聞かせる

オルガンの折り方 (^_^)v
1 かどを合わせて半分におる

・はじめに説明の文を読む
・つぎにイラストを見ながら実際に折る

課題の難易度の目安
かんたん…カブト，アジサイ，オルガンなど
ふつう…カエル，自動車など
むずかしい…ツル，クジャクなど

留意点 作業に合わせて説明を聞かせることが大切なので，全体の作業のペースはある程度合わせます。ペアで工程を確認し合いながら作業させるとよいです。あらかじめ教師は全作品を作ることができるように練習しておきます。

応用 課題は選ぶことができるように，何種類も準備します。難度がわかるようにマークを決め，折り方の説明用紙に示しておくと，自分で選ぶ際の参考になります。

い

このような子に

口頭で説明されただけでは，方向や位置がよく理解できない子どもに，絵や写真などの補助的なプリントを使って，言葉の意味を理解させる練習です。繰り返し使うことで，位置や場所を表す言葉の理解が進みます。

2 地図で遊ぼう

① ウォーミングアップをする
・学校，店の位置の確認
・「～の前」「～のうしろ」
  「～を右に曲がる」という言葉の理解

② ペアの一人が指示を読んで，もう一人がそこに正しくコマを置く

用意するもの
・地図（四つ切りの画用紙大）
・人型のコマ

[指示]
1. 学校を出て右へ歩き，最初の角を右に曲がります。次の通りの角まで行きました。そこはどこでしょう
2. 学校を出て左へ歩き，信号をコンビニの方へ渡りました。その位置まで行ってください
3. ②番の家の子は，学校へ行くのに最低何回道路を渡るでしょうか
4. 運動場からコンビニへ行くには右へ行きますか？ 左へ行きますか

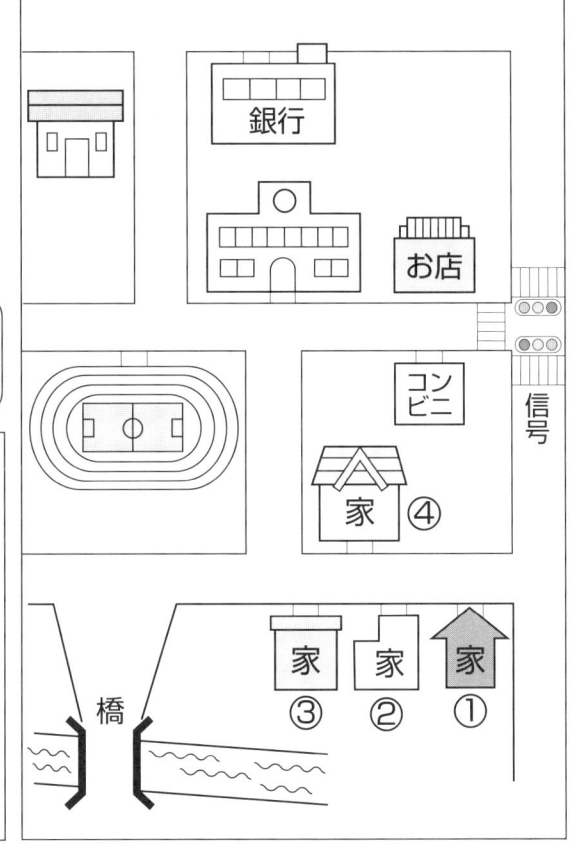

[留意点] 建物を子どもたちに描かせたり，あらかじめ印刷したカードに色を塗って，はらせてもよいです。学年や子どもの能力に応じて使い分けます。

[応用] 高学年では，地図を複雑にしたり，道路から自分で書き込むようにさせます。また，東西南北の指示も学習させます。さらに使用する人型のコマを2～3種類に増やすと，説明がより複雑になり，内容の理解もむずかしくなります。

2 話すことが苦手な子①
言いたいことがうまく言えない

このような子に
頭の中にある事柄を順序よく整理して，言葉で表現することが苦手な場合があります。そのような場合は，出来事を絵やカードのような目に見える形で示し，並べ直したカードを見ながら話す作業が効果的です。

アイデア① 絵やカードで順序よく話そう

〈きのうしたことカード〉

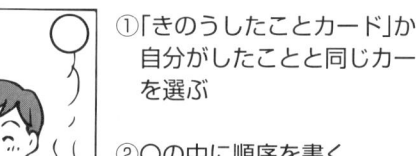

①「きのうしたことカード」から自分がしたことと同じカードを選ぶ

②○の中に順序を書く

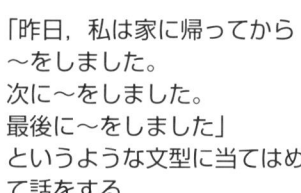

③番号順にカードを並べ直し，それを見ながら話す

「昨日，私は家に帰ってから〜をしました。
次に〜をしました。
最後に〜をしました」
というような文型に当てはめて話をする

[留意点] 絵はわかりやすく簡潔なものにします。一度作れば何回でも使用できます。

[応用] 慣れてきたら，順番を書き込まずにカードを見て話します。また，話したことをノートに書いていくと，簡単な作文を書くことができます。中・高学年なら，日記や作文メモのような形で使用させることができます。1分間スピーチのヒントにもできます。

このような子に

頭の中にある事柄を順序よく整理して、言葉で表現できない場合があります。そのような場合は、キーワードの書かれたプリントやカードを使って、頭の中にあることを時間の順序に従って並べ直す作業をすることが効果的です。

アイデア 2 「簡単作文」で順序立てて話そう

プリントにまとめてから話す

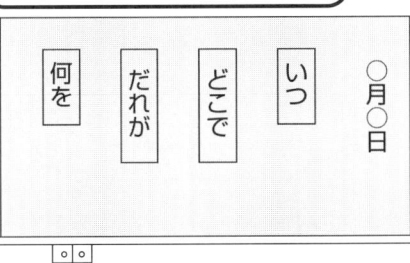

題（きのうしたこと）	いつ	だれが	どこで	なにを	どうした	どう思った
私は、	きのう、		学校の校庭で、	なわとびを して	遊びました。	楽しかった です。

黒板の項目を見て話す

○月○日／いつ／どこで／だれが／何を

（えーと…何したっけ？「楽しかった」のかな？）

留意点 子どもの状態によっては、マス目のノートを使用し、書くことにも配慮します。

応用 慣れてきたら、「だれと」「どのように」などの項目を加え、内容を増やすこともできます。作文や日記の宿題、行事の感想文にも使用できます。

2 話すことが苦手な子② 相手が何を言ったか忘れてしまう

このような子に

集中して相手の言葉を聞くことや，短い言葉でも聞き取って書くことの苦手な子どもがいます。このように聞き取ることがむずかしいと，言う量が少なかったり，表現が乏しいため，話すことが苦手になっている場合があります。楽しみながら「聞き取ること」「聞き取って書くこと」の作業を通して練習をしていきます。

アイデア1　いつ，どこで，だれが，何をしたゲーム

①2人組になり，ペアの相手が言ったことを，互いに聞きとって短冊カードにたくさん書く

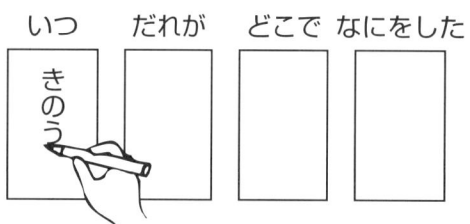

②4人組になり，項目ごとにカードを箱に入れる

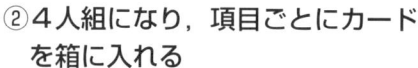

カードはシャッフルする

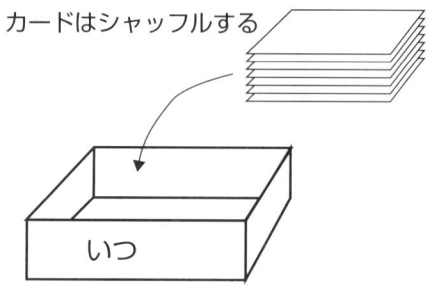

③箱から1枚ずつカードをひいて，できた文章を読みあげる

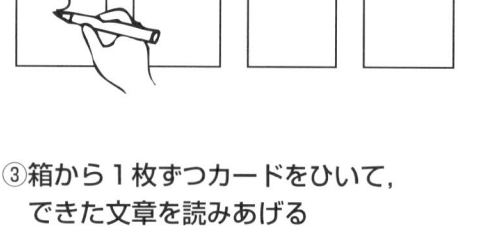

④できた文を覚えておき，だれがいちばん面白かったかを決める

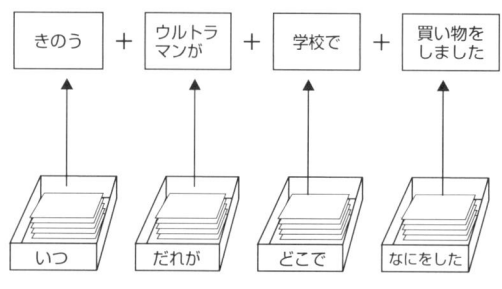

留意点　短冊は，カレンダーなどの裏を利用し，たくさん用意しておきます。

応用　慣れてきたら，各項目で話す言葉を工夫し，より面白いものを考えさせます。組み合わせによっては，あたりまえの言葉から面白い文章ができることに気づかせます。各グループのいちばん面白かった文を発表し，みんなで聴写してもよいです。

このような子に

相手の話を集中して聞くことが苦手な子や，相手の言った言葉を覚えておいて，その言葉の続きを話すことが苦手な子がいます。伝言ゲームで楽しみながら「聞き取ること」「聞き取って話すこと」の練習をします。

伝言ゲームとしりとりで楽しく覚える

伝言ゲーム

- 小さな白い犬がボールを追いかけています
- 白い小さな犬が…えーっと…
- もとの文に一番近かったグループの勝ち

しりとり

テーマを決めてしりとりする

- しまうま
- ま、ま…マントヒヒ！

（留意点）学年や構成メンバーの状態に応じ，文の長さや内容を変えます。文は何種類か準備しておき，すぐ次の対戦が始められるようにしておきます。

（応用）うまくできるようになったら，1グループの人数を増やしたり，話の内容を複雑にしたりテーマを変えたりします。各グループが発表した最後の文を黒板などに書かせると，「聞き取ったことを覚えて書く」ことの練習になります。

2 話すことが苦手な子③
助詞・構文の誤り，ふさわしくな

このような子に

話すときに，助詞の使い方を誤ったり，文の組み立てがうまくできない子に，助詞を意識させたり，言葉の並び方に注意させたりするのに効果があります。書くときに助詞の使い方を間違う子どもにも使えます。

アイデア1　助詞カードを置こう

①それぞれの絵に合うように助詞カード（は・が・を・に・で）を置く

1. ぼく|が|ぼうし|を|ともだち|に|わたした
2. ともだち|は|ぼうし|を|ぼく|から|もらった

1. ぼく|の|ぼうし|を|ともだち|に|もらった
2. ともだち|が|ぼうし|を|ぼく|に|わたした

②同じ意味の文になるように助詞カード（は・が・を・に・で）を置く

1. ネコ|は|ネズミ|を|追いかけた
2. ネズミ|は|ネコ|に|追いかけられた

③次のカードを並べかえて，その間に助詞カード（は・が・を・に・で）を入れて正しい文をつくる

| きのう | わたし | 家 | おやつ | 食べた |

| は | が |
| を | に | で |

[留意点]　最初は一対一の個別指導で行います。単語カードの並べかえや，助詞カードを入れていくところがポイントなので，十分時間をかけます。

[応用]　5W1Hの種類を増やし，内容を複雑にすると，高学年でも楽しんで行えます。2～3人のグループで，短冊に書き込む，カードを並べて文を作る，助詞カードを入れるなどの活動を一緒に考えながら行うこともできます。

い言葉づかいがある

このような子に
状況に合わない言葉の使い方や,目上の人に対してふさわしくない言葉づかいの多い子どもがいます。自分の立場に応じて,どういう言葉づかいをすればよいかを学ぶために効果があります。

アイデア2 絵カード「こんなときなんて言えばいいの?」

[やり方]
① 2人組になる
② 登場人物のどちらの立場になるかを決める
③ 適切だと思う言葉をカードに書く
④ 書き入れたものを2人で読みあい適切かどうか話し合う

カード①

カード②

カード③

[留意点] 絵カードの内容は,学年に応じて変えます。低学年の場合は,どちらかの吹き出しを模範解答で埋めておいてもよいです。

[応用] 絵カードに出てくる人数を増やせば,内容はより複雑になり,高学年にも十分に対応できます。許可を取る場面,人に尋ねる場面など,言葉の使い方を増やすことに応用できます。

2 話すことが苦手な子④
尋ねられたことに答えられない

このような子に
ワーキングメモリーが弱いために，相手の質問に対して，自分の記憶と照らし合わせ，聞かれたことに適切に答えることができない子どもがいます。聞いた話を時間や事柄別に項目に分け，整理することを練習させます。プリントを見ながらだと，落ち着いて話すことができるようになります。

アイデア1 お話を覚えてプリントに答えよう

①教師の話を聞いて，ポイントがしぼられたプリントに書く

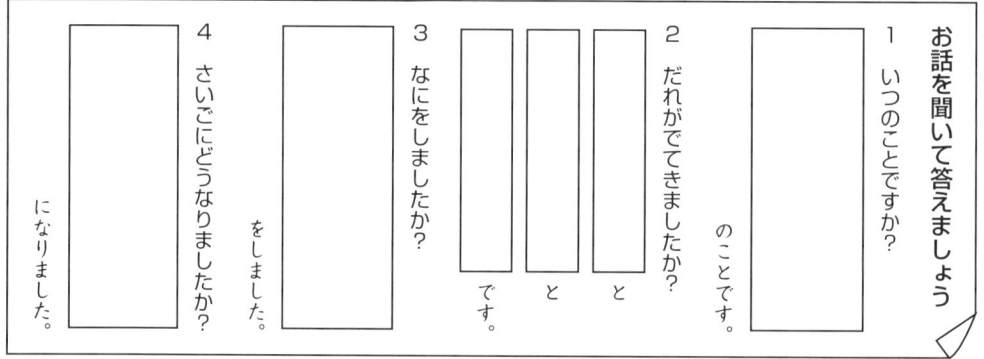

お話を聞いて答えましょう
1 いつのことですか？ ＿＿のことです。
2 だれがでてきましたか？ ＿と＿と＿です。
3 なにをしましたか？ ＿をしました。
4 さいごにどうなりましたか？ ＿になりました。

②お話に関連する質問を，教師が1つずつ出す。自分の考えをプリントに書く

自分で考えて書きましょう
1 お話と同じころ，あなたは何をしていましたか？
2 あなたはどの人と遊びたいですか？
3 同じことをしたことがありますか？
4 さいごをちがうお話にしてみましょう？

留意点 最初に全体へ話す際には，静かな環境で集中して聞けるようにします。むずかしい場合は，少人数のグループごとに読み聞かせます。プリント②の質問内容を適宜変え，考えや意見や覚え方が固定しないよう気をつけます。

応用 話に出てくる登場人物の人数を増やしたり，内容を複雑にすることで，高学年にも対応できます。

（ワーキングメモリーの問題）

このような子に
ワーキングメモリーの問題で，聞いた話を順序よく覚えることが苦手で，聞かれたことに適切に答えることができない子どもに使います。絵をヒントに話したり，時間の順序に従って話すための練習として効果があります。

アイデア2　カードをヒントにしてお話をしよう

きのうは何時に勉強しましたか	きのうのおやつは何を食べましたか	今日の勉強では何が楽しかったですか

きのう，どんなテレビ番組を見ましたか	今日は学校でだれと何をして遊びましたか	今日の給食では何が好きですか

①自分がしたことを思い出し，カードを見ながら質問に答える
②それぞれのカードについて「最初に何をしましたか」「次に何をしましたか」「一番は何ですか」「二番は何ですか」と先生が尋ねる

(留意点)　絵の内容は学年に応じて変えます。言葉が出にくいときは，「はじめに」「つぎに」「わたしは」「ぼくは」などと，最初の言葉を教師が言ってあげると，言葉が出やすくなります。

(応用)　話したことを順序どおりに書くと，簡単な作文になり，体験したことを書いて覚えることにつながります。

2 話すことが苦手な子⑤
吃音や構音障害がある

このような子に

吃音があり，話すことや音読に自信をもてない子どもに行います。教師と一緒に読むことで，自分の声に対する緊張が薄れて，吃音が出にくくなります。

先生と一緒に音読しよう

〔手順〕
① はじめの合図をし，子どもと教師が声をそろえて読む。
② 子どもが教師の声を聞きながら合わせて読めるよう気をつける。教師は抑揚をつけず，平坦なアクセントで，子どもより少し遅めに読む。
③ 詰まらずに読めたら，大いにほめて次回への意欲を高める。
④ 慣れてきたら，教師は声を徐々に小さくし，声を出さないで読む（口だけぱくぱくさせる感じ）。
⑤ 読み終えたら，教師が声を出さなくても詰まらず読めたことを伝え，自信をつけさせる。

(留意点) 最初は一対一の個別指導で行います。逐字読みをして，音読が苦手な子にも行うようにし，吃音のある子どものみが目立たないように配慮します。

(応用) ペアやグループでの音読練習に使うと，相手の声をよく聞き，それに合わせて読む練習になります。クラス全体で音読をしたり，手拍子をしながらリズムよく読む練習をします。

このような子に

構音障害があり，話すことや音読に自信をもてない子どもに行います。うがいやシャボン玉など，楽しく簡単にできることで口腔機能が向上し，徐々に発音がはっきりします。

アイデア 2 簡単発音練習

①うがい　　②ペロペロ　　③すくい飲み　　④ブクブク

のどの奥をとじてゴロゴロうがい。ほおを動かしてクチュクチュうがい

口のまわりについたジャムをなめてとる

⑤シャボン玉　　⑥フーフー　　⑦風船

[留意点] 構音障害のある子どものみに行うのではなく，低学年であれば国語の発音の指導として，一斉授業で行うとよいです。

[応用] 学級活動などで，遊びとして楽しみながら行うと，高学年でも使えます。また，④⑤⑥⑦は，ゲーム形式で行っても楽しめます。演劇の発声練習や早口言葉なども楽しんで行えます。

3 読むことが苦手な子① 文字に関心がない

> **このような子に**
> 読むことが苦手で文字に関心がない子どもの中には，物の名前を文字で表すことができるということを理解していない場合があります。文字単語と実物を対応させるマッチングの経験を通して，物の名前を文字で表すことができるということを学習します。低学年向き。

言葉探しゲーム

＜準備するもの＞

シール（1班用）

のりつき付せん紙

① 1班は，それぞれのものにシールを貼る。2班はろう下で待つ

ワークシート（2班用）

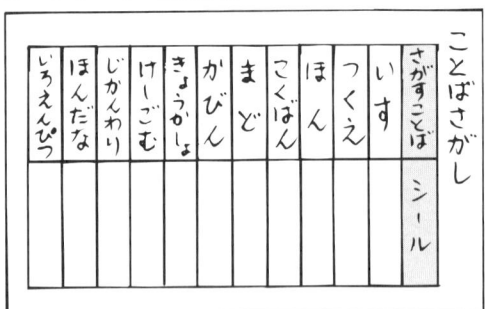

② 2班は教室に入り，見つけたシールをワークシートに貼る

- 留意点　のりつき付せん紙を使うと，はったりはがしたりしやすいです。ワークシートは難易度を変えて数種類作り，子どもの読む力に応じて利用します。
- 応用　単語の表記を，ひらがな→カタカナ→漢字にします。シールに単語を書くことも子どもに担当させます。

このような子に

文字への関心が薄いと，それぞれの文字が何の音を表すのか，どのような言葉の表記に用いられるのかを覚えることがむずかしくなります。ゲームを通して，文字とその文字が使われている単語の対応を楽しく覚えさせていきます。

アイデア 2 ひらがな神経衰弱

①カードの絵と文字が合っていることを確かめる

＜基本編カード＞　　＜応用編カード＞

②カードを裏返しておき，トランプの神経衰弱の要領でカード合わせをする

【留意点】　子どもが「できた」という気持ちになるように配慮します。始めは1音節のみの言葉で行ったり，カードの枚数を少なくして少人数で行います。

【応用】　徐々に言葉の音節数を増やしたり，カードの枚数を増やしたり，言葉をカタカナや漢字表記にするなどの応用ができます。子どもにカードを作らせ，それらのカードも合わせて行います。

③ 読むことが苦手な子②
読み誤りが多い（とばし読み，行をは

このような子に

1字ずつなら音読できても，文章で読むと読み誤りの多い子がいます。音読がたどたどしかったり，読み誤りが多いという背景には，単語や文節のまとまり（チャンク）を瞬時にとらえることがむずかしい場合があります。単語や文節のまとまりを見てわかりやすいように工夫することによって，読みやすくなります。

アイデア1　単語や文のまとまりがわかりやすい工夫

①文章を単語や文節ごとに線で区切る

> ぼくは―犬が―好き―で
> す。―どうして―犬が―好
> きかと―いうと，―犬は，
> ―かい主に―よく―なつい
> て，―かい主の―言うこと
> を―よく―きいて―くれる
> ―から―です。

② 教材の文章を単語や文節などの区切りで分かち書きにする

> ぼくは　犬が　好き　です。
> どうして　犬が　好きかというと、
> 犬は、　かい主に　よく　ついて、
> かい主の　言うことを　よく　きいて
> くれる　から　です。

③文末や，読み誤りしやすい単語にマーカーで色をつける

> ぼくは犬が好きです。ど
> うして犬が好きかというと、
> 犬は、かい主によくなつい
> て、かい主の言うことをよ
> くきいてくれるからです。

どの方法が有効かは実際に子どもに読ませて確認する

[留意点] 子どもによっては1行の文字数，1ページの中の行数，行間のスペースの広さにも配慮する必要があります。

[応用] 文節ごとの区切りを子ども本人に入れさせたり，区切り方も本人の読みやすいものにしていくように工夫していきます。

ずしてしまう）

このような子に

音読をするときに，行をとばしたり，同じ行を繰り返し読んでしまったりするなど，目（視線）で文字や行をたどることが苦手な子がいます。視線の移動がスムーズにできるように，読む行だけが見えるようにする工夫や，行の境がわかりやすくなるような工夫をすることが効果的です。

読んでいる行がわかりやすい工夫

①ラインマーカーで1行ずつ色を変える　　②行間に線を引く

③補助シート

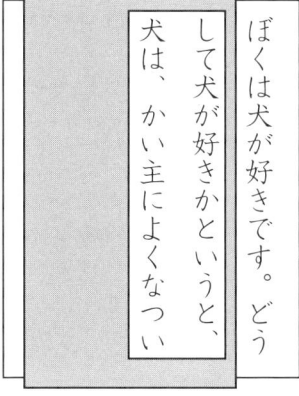

どの方法が有効かは実際に子どもに読ませて確認する

[留意点]　子どもによっては文字の大きさ，1行の文字数，1ページの中の行数，行間のスペースの広さにも配慮する必要があります。ラインマーカーや直線の色，補助シートの穴の大きさなども工夫します。

[応用]　補助シートの応用として，定規程度の大きさの白い厚紙を，読んでいる行の脇にあて，ずらしながら読む方法もあります。

❸ 読むことが苦手な子③
文章が読めても意味が理解できな

このような子に

音読できても，文章の意味を理解しにくい子どもがいます。この背景には，言葉の概念や構文が十分に理解できていない場合があります。文章で表されている状況をジェスチャーや絵にすることで，目で見ることを通して文章を理解することができ，読解への意欲も促されます。

① ジェスチャーや挿絵を手がかりに

［ジェスチャーを見て正しい文を選ぶ］

げきを見て，お話にあう絵をえらびましょう
- (1) ねこがねずみにおいかけられた
- (2) ねこがねずみをおいかけた
- (3) ねこがスズメにおいかけられた

［絵と文章を対応させる］

お話にあう絵を選びましょう

ア　うさぎとかめがかけっこをしました。はじめはうさぎがかっていましたが，とちゅうでうさぎは，ひとやすみして，ねむってしまいました。そのあいだに，うさぎはかめにぬかれてしまいました。そのあと，うさぎは，めがさめて，かめをおいかけました。そして，うさぎはかめをぬいて，さいごはうさぎがかちました。
　　　　　　　　　　　　　　　　　　　　　　　　　　　こたえ□

イ　うさぎとかめがかけっこをしました。はじめはうさぎがかっていましたが，とちゅうでうさぎは，ひとやすみして，ねむってしまいました。そのあいだに，うさぎはかめにぬかれてしまいました。そのあと，うさぎは，めがさめて，かめをおいかけました。でも，うさぎはかめにおいつくことはできず，かめがかちました。
　　　　　　　　　　　　　　　　　　　　　　　　　　　こたえ□

ウ　うさぎとかめがかけっこをしました。はじめはうさぎがかっていましたが，とちゅうでうさぎは，ひとやすみして，ねむってしまいました。そのあいだに，うさぎはかめにぬかれてしまいました。そのあと，うさぎは，めがさめて，かめをおいかけました。そして，うさぎはかめにおいつきましたが，ちょうど，ひきわけでした。
　　　　　　　　　　　　　　　　　　　　　　　　　　　こたえ□

（留意点）　お面なども用いて，子どもがジェスチャーを理解しやすいように工夫します。
（応用）　文章の内容や長さ，ストーリーの展開などは，子どもの読み能力に応じて変えます。また，文章に合わせて子どもにジェスチャーをしてもらってもよいでしょう。

い

このような子に
音読ができても，読解がむずかしい子どもの中には，ストーリーの展開が理解できていないことがあります。4コマまんがの絵に合わせて文章を並べることを通して，絵と文章を対応させながら，ストーリーの展開が理解できるように促します。

アイデア 2　4コマまんがで展開を理解

4コマまんが

①4コマまんがを見せてストーリーを話す

②文章カードを読ませる

③4コマまんがに合うように文章カードを並べる

文章カード

| 男の子がふうせんをふいています。ふうせんはなかなかふくらみません。 | 男の子はふうせんをもっとふきました。ふうせんは少しふくらんできました。 |

| 男の子はもっともっとふきました。ふうせんはだんだん大きくふくらんできました。 | 男の子はさらにつよくふきました。するとふうせんはパーンとわれてしまいました。 |

[留意点] カードを並べられるかではなく，ストーリーや文章の理解をよく確認します。

[応用] 文章の内容や長さ，ストーリーの展開は，子どもの興味や読み能力に応じて変えます。最後のコマを白紙にし，展開を推測させながら並べかえをします。学校生活の決まりやルールをストーリーに取り上げることもできます。危険なことを平気でしてしまう子に，先の見通しをもたせる指導にも使えます。

3 読むことが苦手な子④
漢字の読みが覚えられない

このような子に

ひらがなが読めて漢字の読みが覚えられない背景には，漢字を用いた語彙が十分に理解できていないことがあります。特定の漢字を使った単語とその読み仮名のマッチングを通して，語彙の理解と漢字の読み方の定着を促します。

アイデア① 漢字と読みのマッチングゲーム

＜準備するもの＞
特定の漢字を使った単語や熟語をたくさん用意する

①漢字のよみ方を確認し，漢字カードと読みがなカードのカード合わせをする

「食」をつかったことば

漢字カード： 食事　給食　食べる　夕食
読みがなカード： しょくじ　きゅうしょく　たべる　ゆうしょく

みんな「食べる」に関係することばであることがわかる。

②なれてきたら，トランプの神経衰弱の要領でゲームをする（マッチングゲーム）

「しょくじ」だから…

[留意点] 教師または子どもがカードを音読し，読み方を聞いて確認することも大切です。
[応用] 学年や子どもの読み能力などに応じて，漢字や単語を選びます。マッチングゲームでは，単語の数を増やすこともできます。カードを持ち帰って家でも練習できます。漢字が読める子どもには，ひらがなから漢字を書く練習に応用できます。

このような子に

読みの苦手な子どもは，音読みの熟語を理解しにくい場合があります。日常よく用いている言葉や訓読みの漢字は比較的覚えやすいものですが，耳慣れない言葉の熟語や音読みの漢字は覚えにくいようです。知っている漢字の言葉を足して熟語を作ることで，音読みの熟語の理解を促します。

アイデア2 「言葉の足し算・引き算」で熟語を読もう

ことばの足し算

くすり		くさ		（　）
薬	＋	草	＝	薬草

あつ		なか		（　）
暑い	＋	中	＝	暑中

か		ま		（　）
勝つ	＋	負ける	＝	勝負

おお		ね		（　）
大きい	＋	根	＝	大根

ひつじ		け		（　）
羊	＋	毛	＝	羊毛

ことばの引き算

ゆうじん		とも		（　）
友人	－	友	＝	人

しんわ		かみ		（　）
神話	－	神	＝	話

ぜんしん		まえ		（　）
前進	－	前	＝	進む

しょうめい		あか		（　）
照明	－	明るい	＝	照る

かいてい		うみ		（　）
海底	－	海	＝	底

留意点 熟語の意味と読み方の両方を確認します。言葉を足す前と後で，同じ漢字でも読み方が変わることがあるということを確認します。

応用 学年や子どもの読み能力などに応じて，漢字や単語を選んでいきます。

4 書くことが苦手な子①
ひらがなが読めても書けない

このような子に

書くことが苦手な子どもの中には，文字を構成している線や点などの形態の要素がよくわからない場合があります。文字（ここでは，ひらがな）の形態要素を確認し，パズルのように文字の形を構成することによって，文字の形への認識を高めます。

アイデア① ひらがなパズル

＜準備＞
厚紙を切りぬいて，ひらがな文字を構成する形態要素のパーツをつくる

厚紙を切りぬいてつくったパーツ

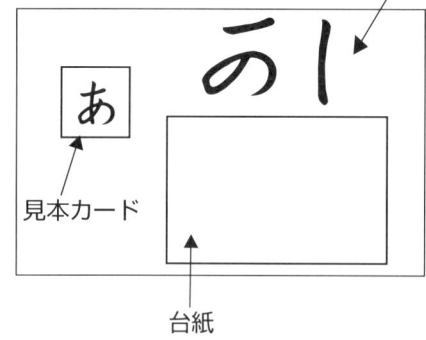

見本カード
台紙

パーツに名前をつけて書き方を言語化するとよい

あ	よこ / たて / の
い	たてはね / たてとめ
う	てん / カーブ
え	てん / よこななめにすべりだい
お	よこ / たてクルン / てん

＜やり方＞
見本をよく見ながら，パーツを使って文字をつくる

「よこ」「たて」「の」

慣れてきたら見本を見ないでつくる

留意点 形態要素の名称を「よこ」「たて」「の」など，言語化するとさらによいです。形態要素のパーツごとに色分けしてもよいです。

応用 １文字ずつだけではなく，「い」「ぬ」の２文字分の形態要素のパーツを混ぜて提示し，「いぬ」という単語を構成させます。さらに単語の音節数を増やしたり，複数の単語（例，「うみ」と「やま」など）を構成させるなどもできます。

このような子に

読むことができても書くことができないことの背景に，文字の形態を思い出す（想起する）ことや，1つ1つの形態要素を書きながら構成することが困難な場合があります。文字（ここでは，ひらがな）の部分的な形態要素を示すことで，形を思い出したり，書いて構成するための手がかりになります。

アイデア 2 続きを書こう

①書くことのむずかしい字を下書きに続けて練習する

②慣れてきたら単語で練習する

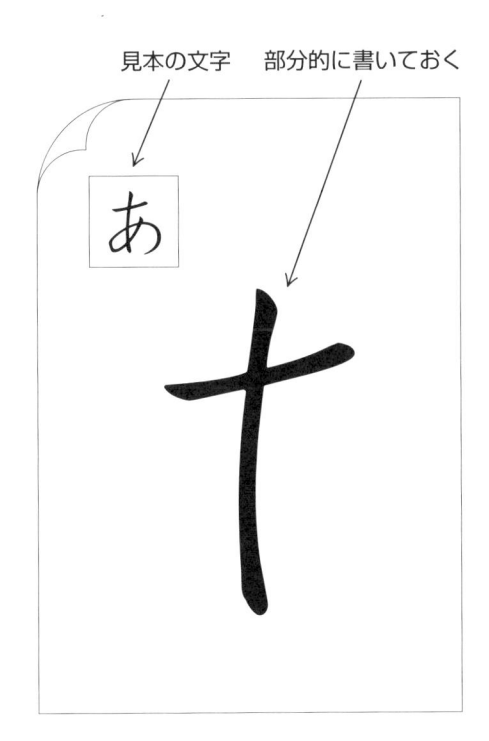

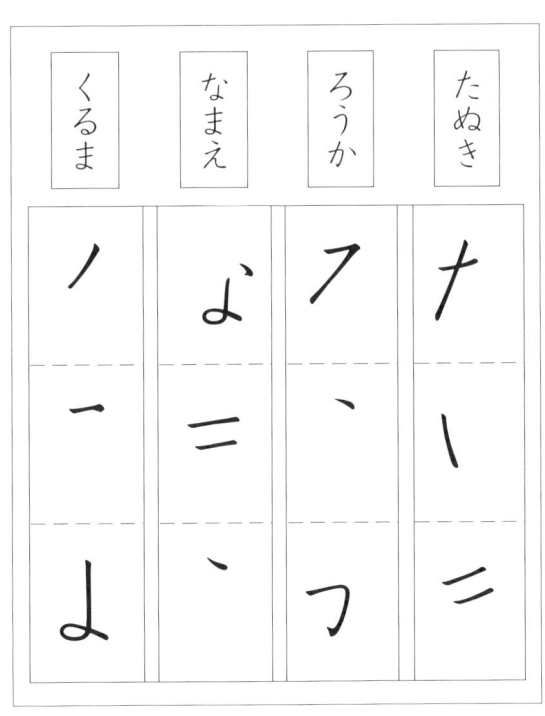

- [留意点] 「『あ』の文字は『よこ』『たて』『の』だけど，『の』が足りないね」など，言語化しながら確認するとよいです。
- [応用] はじめに書いておく形態要素を減らしたり（例，「あ」の横線だけ書いておく），見本を見なくても書けるように，しだいに見本を隠していきます。

4 書くことが苦手な子②
形を構成できない（正確に書けない）

このような子に

文字の形を正確に書けない子どもの中には，形を構成する能力に弱さがある子どもがいます。漢字を形態要素に分解し，それを組み合わせる活動を通して，複数の形態要素の空間的（位置的）な関係を理解する手がかりとしたり，形態要素を組み合わせて１つの漢字を構成する練習をします。

アイデア 1　足し算で漢字をつくる

どんな漢字ができるかな？

口 ＋ 十 ＝ □

三 ＋ 人 ＋ 日 ＝ □

糸 ＋ 田 ＝ □

立 ＋ 木 ＋ 見 ＝ □

＜応用問題＞

パーツをさらに細かくわける

立 ＋ ノ ＋ 彡 ＋ 一 ＋ ノ ＋ 目 ＋ 八 ＝ □
　　　　　　　　　　　（答：顔）

同じ偏の文字をたくさんつくる

木 ＋ 几 ＝ □（答：机）

木 ＋ 彡 ＝ □（答：杉）

木 ＋ 寸 ＝ □（答：村）

木 ＋ 支 ＝ □（答：枝）

「くち」という字の中に「じゅう」があると田んぼの「た」になりますね

(留意点)　「『くち』という字の中に『じゅう』があると，田んぼの『た』になるんだね」など，形態要素や空間の位置関係を言語化しながら確認します。

(応用)　課題は子どもの学年や習得の様子に応じて作成します。また，応用問題の１つめのように，形態要素をより細かく分けたり，応用問題の２つめのように，同じ偏を使った足し算で，興味を広げることもできます。

このような子に

漢字の熟語や単語を正確に書けない背景には，漢字の形そのものを正確に覚えていない場合や，どの漢字をどの単語で用いればよいのかがよくわかっていない場合があります。ここでは，形態を誤りやすい漢字や，熟語などで誤用しやすい漢字について確認することができます。

アイデア② 漢字間違い探し

漢字の形を間違いやすい子に対して

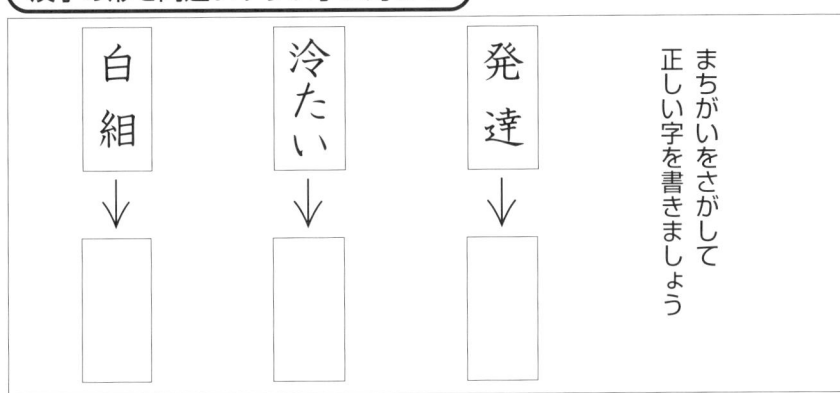

まちがいをさがして正しい字を書きましょう

- 白組 →
- 冷たい →
- 発達 →

漢字の使い方を間違いやすい子に対して

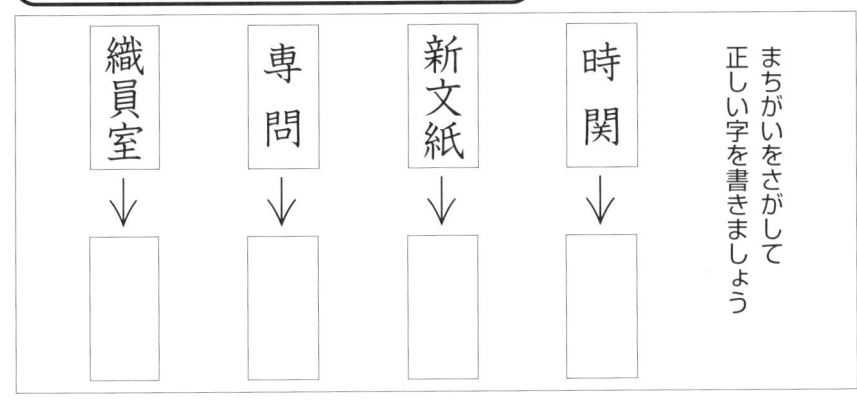

まちがいをさがして正しい字を書きましょう

- 織員室 →
- 専問 →
- 新文紙 →
- 時関 →

留意点 単語や熟語の意味をよく理解していない場合には，辞書を調べて確認するなど，語彙の理解力を高める必要があります。

応用 課題は子どもの学年や習得の様子に応じて作成します。また特定の漢字を用いる熟語を集める課題（例，関係・関心・関所……）などもあわせて行うとよいでしょう。

4 書くことが苦手な子③
書き順が覚えられない

このような子に

書き順が覚えられない子どもは，目と手の協応運動が困難であったり，目で見たものを順序よく処理するのが苦手なことがあります。その場合，大きな紙に大きな動作で書く練習をすることにより，動作による記憶を促すことができます。誤学習を避けるため，書き順を正確に繰り返すことが大切で，大きな書き順シートで正確に書き順を練習します。

アイデア① 書き順シート

①書き順シートを指でなぞって練習する

②書き順シートをえんぴつでなぞって練習する

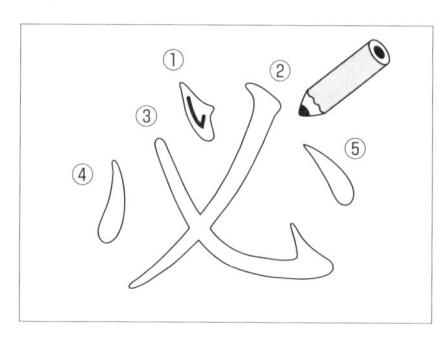

※A4程度の大きさ

③書き順シートを手本に実際に書いて練習する

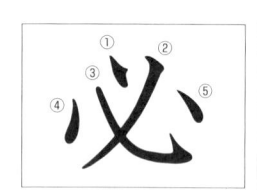

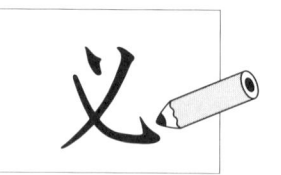

④画数の多い漢字へ移行する

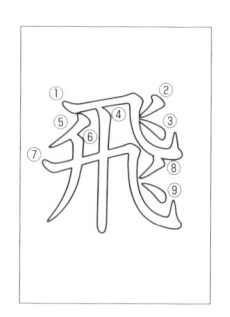

[留意点] 画数の少ない漢字から，多い漢字へと順に練習させます。子どもによって，用紙や文字の大きさ，色，線の太さに配慮する必要があります。また一画ごとに色分けするなどして，なぞりたい気持ちにさせる工夫も重要です。

[応用] 書いたところが浮き出るペン（参考：もこもこペン）で見本を作成してなぞらせます。熟語や単語でも練習できます。

このような子に

書き順が覚えられない子どもの中には，順序よく覚えていくことや，手を動かして覚えることに困難のある場合があります。書き順を唱えながら書く練習をすることによって，文字書き歌（ことば）が文字を書くための手がかりとなります。

アイデア2　文字書き歌

①書き順を歌にする

「ノソっと木の下田んぼの…」

＜もじかき歌の例＞
ノ
ソッと
木の下
田んぼの番人にらんでる

（『漢字九九　２年生』
白石範孝・学習研究社より）

②歌いながら練習する

- 歌いながらゆびでなぞる
- 歌いながらえんぴつでなぞる 
- 歌いながら見本を見て書く 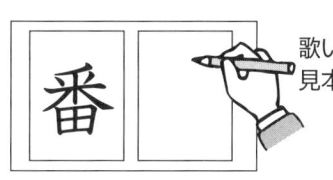
- 歌いながら何も見ないで書く 

[留意点]　子どもによってどんな文字書き歌が覚えやすいか工夫します。また，文字書き歌や書き順がある程度定着するまでは一緒に唱えたり，文字書き歌を見えるように文字で書いて提示します。

[応用]　子どもに文字書き歌を作らせます。複雑な字は，文字の中をいくつかの部分に分け，部分ごとに書く練習もします。

4 書くことが苦手な子④
漢字の偏とつくりのバランスが悪い

このような子に

偏とつくりをバランスよく書けない背景には，枠の大きさに合わせて文字を書いたり，ノートの罫線にあわせて文字（線）を書くという操作が困難なことがあります。各形態要素のそれぞれの大きさや形に合わせた補助線があると，文字全体のバランスが取りやすくなります。

アイデア① 補助線入りワークシート

補助線に合わせて漢字を書く

文字パーツの大きさや形に合わせて補助線を入れる

マスは大きくとる。慣れてきたら、見本を見ないで書く練習をする

| 見本 | 練習1 | 練習2 | 補助線なし |

遊 落 親 黒 顔

[留意点] 補助線の数は，文字によって，また子どもが字を書く力や字のゆがみ方に応じて調整します。

[応用] 徐々に補助線の数を減らしたり，マスを小さくして練習します。また熟語も練習するとよいでしょう。

このような子に

漢字をバランスよく書けない背景には，枠の中の限られた空間にバランスよく字を書く能力の弱さや，目と手の協応運動の困難さ，不器用さなどが考えられます。画数が多い文字やバランスがむずかしい文字の一部が書いてあることによって，他の形態要素の大きさや形を調整することへの手がかりになります。

アイデア 2　バランスに気をつけて続きを書こう

たりない部分を書きたして漢字を完成させる

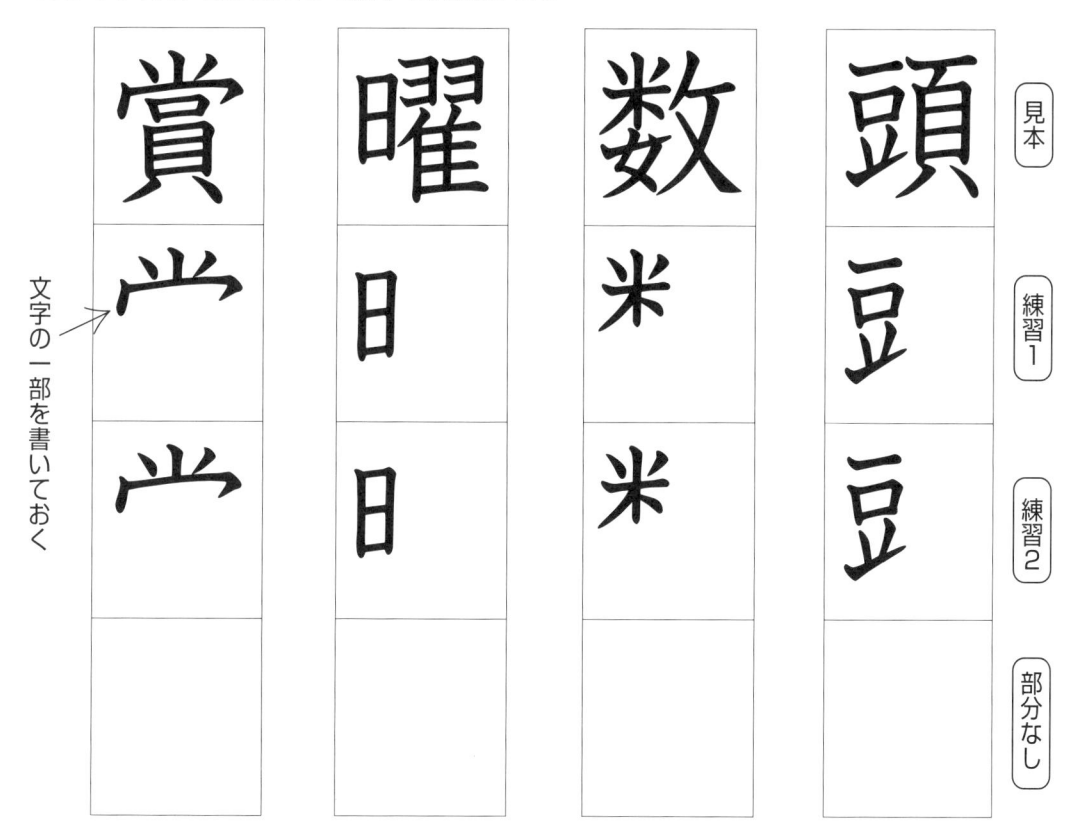

賞	曜	数	頭	見本
丷	日	米	豆	練習1
丷	日	米	豆	練習2
				部分なし

←文字の一部を書いておく

留意点　はじめに書いておく形態要素は，その文字によって，また子どもが字を書く力や空間の処理能力に応じて調整します。書き順があいまいな子どもには，書き順にも配慮して，あとの部分を書き足すようにしたほうがよいでしょう。

応用　徐々にマスの大きさを小さくしたり，熟語でも練習します。

4 書くことが苦手な子⑤
聞いたことを文字につづれない

このような子に

言葉で言ったことを文字で表せない背景には，言葉の聞き取りや文字を思い出す（想起する）こと，また構成能力などの弱さが考えられます。文字や単語のカードを用いることによって，聞き取りの手がかりとなったり，文字を思い出すことが困難なケースでも，単語構成や短文構成の練習をすることができます。

アイデア① カードで単語づくり・カードで短文づくり

①教師が言った単語を
　カードを並べてつくる

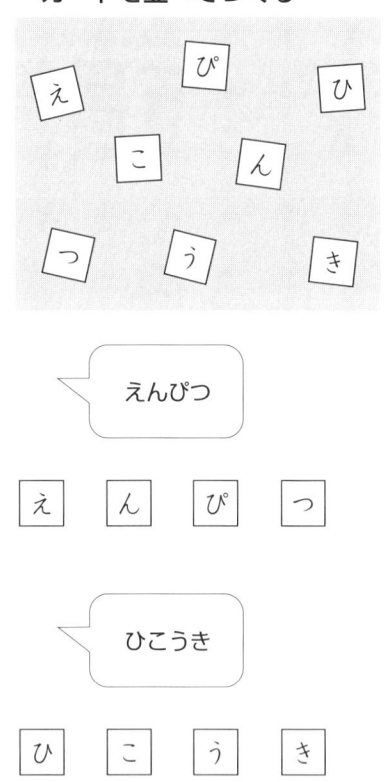

え　ぴ　ひ
こ　ん
つ　う　き

「えんぴつ」

え　ん　ぴ　つ

「ひこうき」

ひ　こ　う　き

②教師が言った文を
　カードを並べてつくる

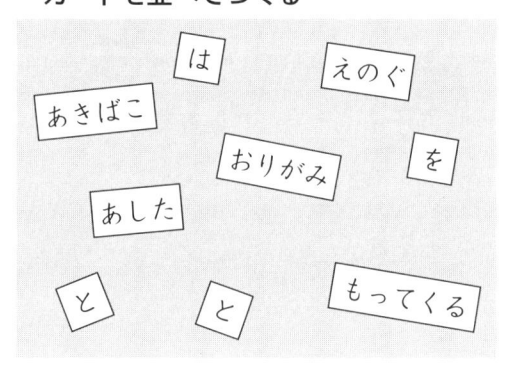

は　えのぐ
あきばこ
おりがみ　を
あした
と　と　もってくる

「あしたは，あきばことおりがみと
えのぐをもってくる」

| あした | は | あきばこ | と |

| おりがみ | と | えのぐ | を | もってくる |

留意点 構成する単語や短文は子どもの能力に応じて調整し，はっきりゆっくりと単語や短文を読み上げます。

応用 単語構成の場合，複数の単語が構成できる分の文字カードを混ぜておいたり，短文の場合も複数の文章を構成できるカードを混ぜておきます。

このような子に

言葉で言われたことを書き取れない子どもは，言葉の聞き取りや，文字を思い出す（想起する）力や，文字の構成能力などの弱さが考えられます。ワークシートを用いて，聞き取りのポイントを整理したり，文字を思い出す手がかりとします。

アイデア 2 「聞き書き」ワークシート

ポイントを書き込むためのワークシートと文字を思い出すための手がかりを使う

書くことの欄をつくる

あしたのじかんわり

1じかん目	こくご
2じかん目	たいいく
3じかん目	
4じかん目	

文字を思い出す手がかり

ヒント（使う文字）

い お か が く こ
ご せ た つ ん

先生のセリフ：「明日は時間割が変わります。明日の時間割は国語，体育，音楽，生活です。明日の時間割をプリントに書いてください。」

応用編

あしたの持ち物

①	
②	
③	
④	

ヒント（使う文字）

う き く ぞ ぶ ろ ん
セ ー ニ ト ビ ル ッ
紙 書 新 道 聞

留意点 ヒントの出し方は子どもの能力に応じて調整します。また，話す前に子どもの注意をひきつけてから，はっきりゆっくりと話すように心がけます。

応用 使う語彙や話の内容をむずかしくする，量を増やす，漢字を用いる，話すスピードを調整するなどの応用が可能です。また慣れてきたらヒントを徐々に少なくします。

5 忘れやすい子①
多動でせわしなく，話を聞いてい

このような子に

注意を持続するのがむずかしいため，話す人に注目したり，長く話を聞いていることができない子どもがいます。話を聞く前に注意点を自覚することができると，聞こうとする態度が生まれます。

アイデア① 話を聞くポイントの意識化

「話を聞くときのポイント」を表にして，注意点を確認し，振り返らせる

- 表は机の上に置いて，いつでも見られるようにする。
- 教師は話を始める前に，「聞くときのポイントは？」などと言って項目を読ませて意識させる。

①最初に……マークを活用する

話を聞くとき 👂	月　日
	記号をかきましょう
かおを見る 👁	
口をとじる 👄	
よいしせい 🧑	

◎よい　〇できた　△もう少し　×ざんねん

②次の段階……項目を増やす

話を聞くとき	月　日 〇をかきましょう
かおを見る	1・2・3
口をとじる	1・2・3
よいしせい	1・2・3
わからないことをしつもんする	1・2・3
よそ見をしない	1・2・3

1．ざんねん　2．できた　3．大変よい

[留意点]　話を聞くときのポイントは，なるべく具体的に示します。項目が多いとかえって意識できないので，実行しやすい項目から始めます。できたからといってすぐ項目を増やさず，定着したことを確かめてから次の段階に進みます。

[応用]　うまくいったら，項目を増やしたり，ややむずかしい項目を加えたりします。

ない

このような子に
落ち着いて着席していることが苦手なため，話を聞き続けることができない場合があります。そのために，必要なことを聞きもらして忘れ物をしてしまいます。立つ，動く，という活動をさせることで，聞く内容に集中しやすくなります。

アイデア2 活動を入れる

①話すことの項目数を予告する

②子どもを前に出し，1つめの話を板書させる

③みんなの前で板書を読ませる

[留意点] 話はなるべく簡潔に短くします。
[応用] 書くのをいやがる子には，話の項目の題を教師が短冊に書いておいて，はらせます。

5 忘れやすい子② 自分の持ち物を覚えていない

このような子に

記憶にとどめておく力が弱いため，自分の持ち物を覚えておくことができず，なくしたり，家でも何をたさなくてはいけないかがわからなくて，忘れ物が多くなることがあります。まず学校で表やメモを見ながら確認する習慣をつけ，チェック表を持ち帰って家でも再度チェックするようにすると，忘れ物が少なくなり，本人も安心できます。

アイデア 1　チェックシートで持ち物を確認

①帰りの会のすぐあとに「もちものチェック表1」を使って持ち帰る物を確かめる

チェック表1	ふでばこ
○	えんぴつ5本
	けしゴム
○	ものさし
○	なまえペン
○	あかえんぴつ

②家に帰ってから「もちものチェック表2」を使って明日の勉強に必要な物を確かめる

チェック表2　月　日　よう日			
	じかんわり	教科書	ノート
1	こくご	○	
2	さんすう		
3	おんがく		
4	りか		
5	がっかつ		
	連絡ノート		
	プリント		
	けしごむ		

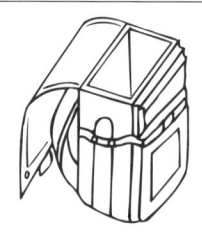

「ものさしはある？ケシゴムはおうちで入れてね」
「ものさし…あった!!」

カバンに入れたら表に○をする

留意点　点検表を使うと便利なことを本人に感じさせることが大事です。最初から完全を求めずに，大事な持ち物だけに限定しましょう。

応用　一人で点検できるようになるまで，あせらず続けていきます。家庭での協力が不可欠なので，「学校でこのような方法を教えています」と知らせ，家庭の中でも同じような取り組みができるように保護者と相談します。

このような子に

同時に多くのことを覚えておけないため，自分の持ち物の数や種類が多くなると気を配ることができなくなることがあります。ほかの子の物と区別ができなかったり，置き忘れている場合でも，目立つマークがついていれば，自分の持ち物だと認識できます。友達が手助けしやすくするために専用の落とし物入れを用意してもよいでしょう。

アイデア2　持ち物にマークをつける

持ち物にシールや印をつける

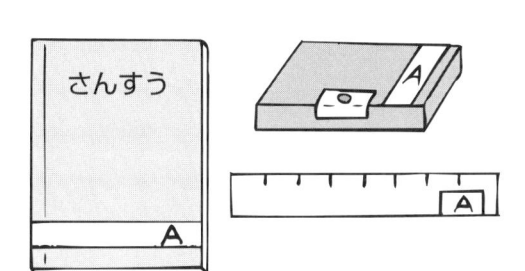

名前の頭文字やイニシャル，好きなキャラクターのシールを目立つようにつける

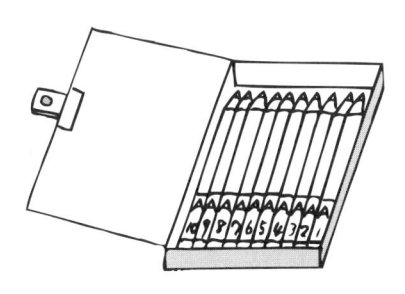

複数のものには番号をふるとよい

専用の落とし物箱をつくる

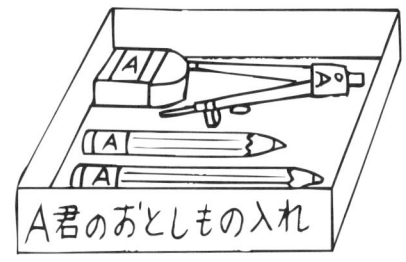

落とし物を拾った人は，専用の落とし物箱に入れてあげる

下校前に本人や先生が中を確認する

[留意点] 学級の友達に協力を求めます。どうして専用の落とし物箱が必要か話しておくことが必要です。違和感がある場合は，「○班の落とし物」とグループごとに箱を用意します。

[応用] 鉛筆や色鉛筆のようにたくさんあるものは，同じ種類のなかで番号をふっておくと確認しやすくなります。

5 忘れやすい子③
ノートに書きとめたり，メモをと

このような子に
話の要点がつかめなかったり，メモの取り方がわからないために，メモすることに抵抗感をもつ場合があります。準備した表に書き込ませることで，何をどこへ記入したらよいかわかりやすくなって取り組みやすくなります。

アイデア1 メモしやすい表

①メモするものの数を番号の欄に書く

「あしたもってくるものは3つです」

あしたのもちもの	
ばんごう	もってくるもの

※A6判くらいの大きさ

②もってくるものを，番号順にメモする

「1はあきばこです」

宿題もメモさせる

③専用のケースに入れてもち帰る

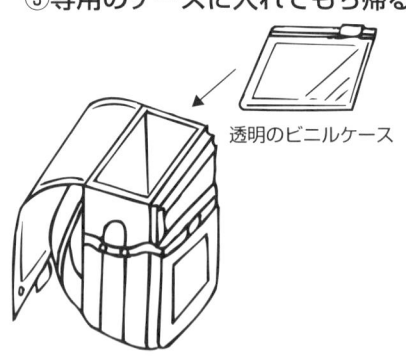

透明のビニルケース

留意点 字をきれいに書くことは求めず，書いたこと自体をほめるようにします。短い言葉でも書きたがらないときは，教師や友達がいくつかを書き，一部分でも本人が書くように促します。

応用 書き方が定着してきたら，同じ書き方で罫紙や連絡ノートに書くように発展させます。

ることをいやがる

このような子に

字の形が取りにくかったり，字そのものを思い出せなかったり，書く速度がゆっくりだと，書くことをいやがる場合があります。左ページのアイデア①のメモしやすい表を使っても，さらにむずかしい子どもには，メモ代わりのカードを使うことで書くことを減らし，安心感をもたせます。

アイデア② メモの代わりのカード

①各教科のもちものカードを印刷する　　②次の日の時間割に合わせてカードをとる

```
┌──────────┐  ┌──────────┐
│ 学習道具  │  │  こくご   │
│ ・ふでばこ│  │ 漢字ドリル│
│ ・したじき│  │          │
│ ・れんらく│  │          │
│   ちょう  │  │          │
│ ・色えんぴつ│ │          │
└──────────┘  └──────────┘

┌──────────┐  ┌──────────┐
│とくべつな │  │  さんすう │
│もちもの   │  │ 計算ドリル│
│ コンパス  │  │ じょうぎ  │
│          │  │          │
└──────────┘  └──────────┘
   色カード
```

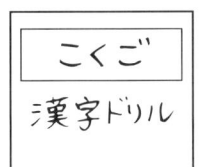

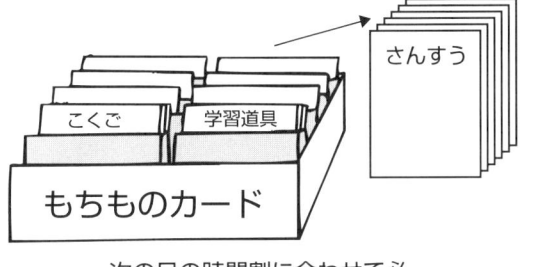

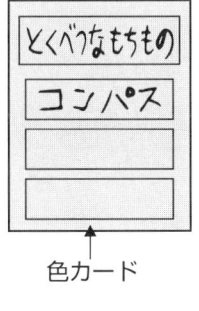

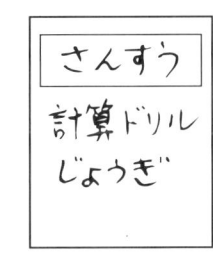

次の日の時間割に合わせて必要なカードをとる。
特別なもちものがある場合は，本人か先生がカードに書く。

たくさん印刷して半分に切った封筒に入れる

③家に帰ったらカードを見て持ち物を準備する

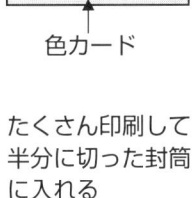

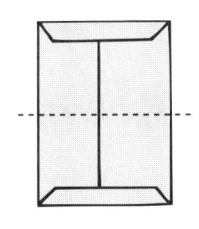

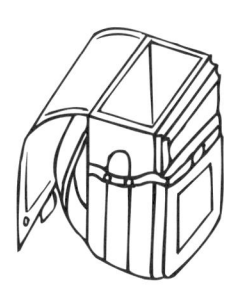

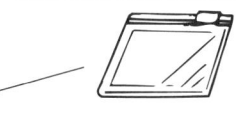

専用のビニルケースにカードを入れて持ち帰る。
時間割を見て教科書とノートを，カードを見てその他の持ちものを準備する。

留意点　カードの置き場所を決めておき，子どもが取りやすくします。特に忘れてはいけない物，大事な物は色のついたカードにしておくと効果的です。

応用　子どもの状態によって，特別な持ち物のときだけ，使うこともできます。左ページの「明日の持ち物表」にカードを見ながらメモをさせていきます。

5 忘れやすい子④
物事を順序よく整理できない

このような子に

聞いたことはわかっても，大事なことと，そうでないことの区別がつかなかったり，すぐやらなければならないことと，あとでよいことの区別がつかない場合があります。そのため，授業中の指示や宿題の提出期限などを守れないことがあります。整理するための観点記入用紙があると，話の中から大事なことをつかんで整理することができます。

アイデア1 観点記入用紙で情報を整理

次の授業の準備
次の授業までに必要な事柄を観点を示したプリントに書き入れる

（先生のセリフ）「大切な連絡をするので書いてください」

月　日		りか
1	次の教室はどこ	りかしつ
2	持ち物	玉ネギ
3	宿題	プリント1枚
4	いつまで	火ようび

◎質問は手をあげよう

学習したことの整理
配付プリントの末尾に学習を振り返る観点記入欄を設ける

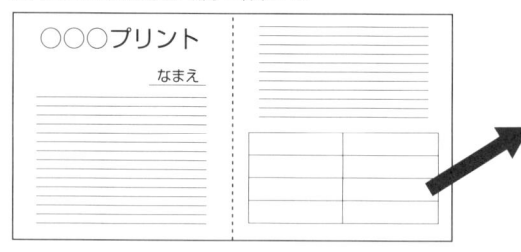

○○○プリント　なまえ

授業の内容	
今日は何の勉強をしましたか	
黒板にはった写真は何ですか	
新しく覚える言葉は何ですか	
先生の話が聞けましたか	

留意点　継続して取り組んでいくことが大事です。何回も行うことで整理の仕方がわかってきます。

応用　いくつも観点があるとわからなくなってしまう子には，1つの観点から始めます。いちばん大事なことに印をつけるのもよい勉強になります。

このような子に

時間の経過を感じる力が弱かったり，物事の手順を順序よく考えられなかったりすると，計画を立てることが苦手な場合があります。そのような場合は，手順をプリントにしたりカードにしたりして，わかりやすい形で示すことで，整理させることができます。

アイデア2 手順を整理して示す

①事前に手順をわかりやすく示す

しらべ学習

1　先生の話を聞く
2　話し合い
3　グループで調べる
4　結果を**プリント**に書く
5　グループで選んだ活動
　　（粘土，本読み，パズル，漢字練習）
6　机を元に戻す
7　おわりのあいさつ

大事なところは，色をつけたり文字を大きくして強調する。

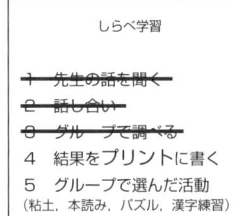

②活動中にどの手順をやっているか意識させる

しらべ学習

~~1　先生の話を聞く~~
~~2　話し合い~~
~~3　グループで調べる~~
4　結果をプリントに書く
5　グループで選んだ活動
　　（粘土，本読み，パズル，漢字練習）
6　机を元に戻す
7　おわりのあいさつ

「いま4をやっているね　終わったらグループで5の活動を選ぼう」

1つの手順が終わったら線で消していく

単語帳方式の手順の示し方

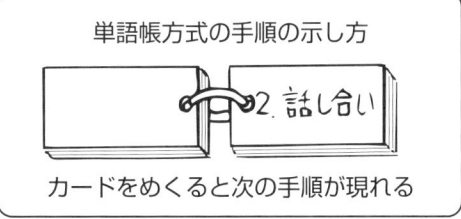

2. 話し合い

カードをめくると次の手順が現れる

[留意点]　表で一度にすべての手順を示すと混乱する子には，単語帳方式にして手順を示します。一つの手順が終わったらカードをめくり，次の手順が見えるようにします。

[応用]　メモを見ながら取り組めるようになったら，手順の一部をバラバラのカードにして，自分で順番を考えて取り組むようにさせます。

6 算数でつまずく子①
数量概念がつかみにくい

このような子に

「いち，に，さん，し……」と順番に数を唱えたり，数字を読んだりすることはできても，数を量的にとらえることが苦手な子がいます。そのような場合は，具体物を操作することで，視覚的な手がかりとさせたり，運動感覚を通すことで，数が増えれば量も増える（数が減れば量も減る）ことを理解させます。

アイデア1　具体物の操作で量をとらえる

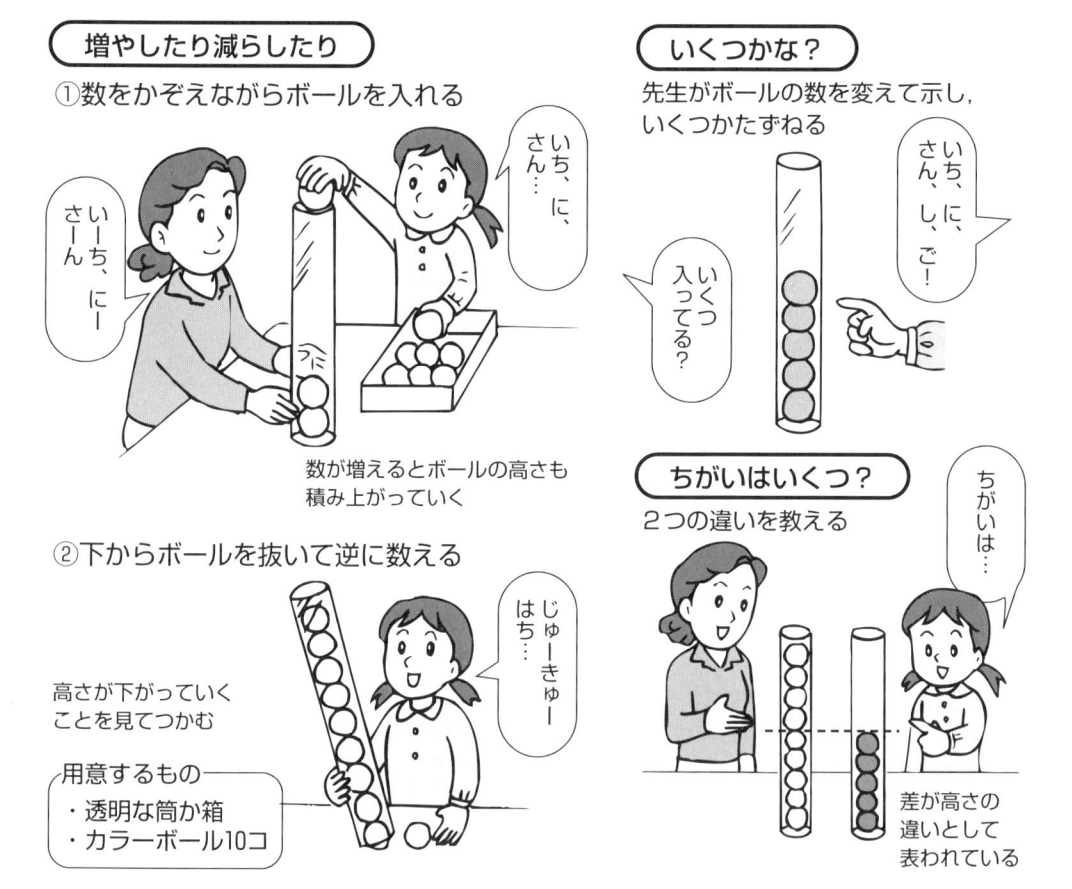

増やしたり減らしたり

①数をかぞえながらボールを入れる

「いーち、にー、さーん」
「いち、に、さん…」

数が増えるとボールの高さも積み上がっていく

②下からボールを抜いて逆に数える

「じゅー、きゅー、はち…」

高さが下がっていくことを見てつかむ

用意するもの
・透明な筒か箱
・カラーボール10コ

いくつかな？

先生がボールの数を変えて示し，いくつかたずねる

「いくつ入ってる？」
「いち、に、さん、し、ご！」

ちがいはいくつ？

2つの違いを教える

「ちがいは…」

差が高さの違いとして表われている

[留意点] 数が増えると，ボールの高さも積み上がっていく様子を視覚的に理解させます。ボールは子どもが扱いやすい大きさのものを選びます。

[応用] 「ちがいはいくつ？」のように，カラーボールの色を分けた2本の筒を使って，数の大小を比較させます。教室の中の数えられるものすべてを，筒とボールを使って数えるのもよいでしょう。

このような子に

数量概念の基礎として，入門期でも3～5までの数は，具体物を見て一目でいくつかわかる力が必要ですが，そのような力が十分に身についていない子どもがいます。そのような場合は，おはじきなどの身近な具体物を使って，一目で数を把握する力を身につけるようにします。低学年対象。

アイデア2 一目で数量をつかむ

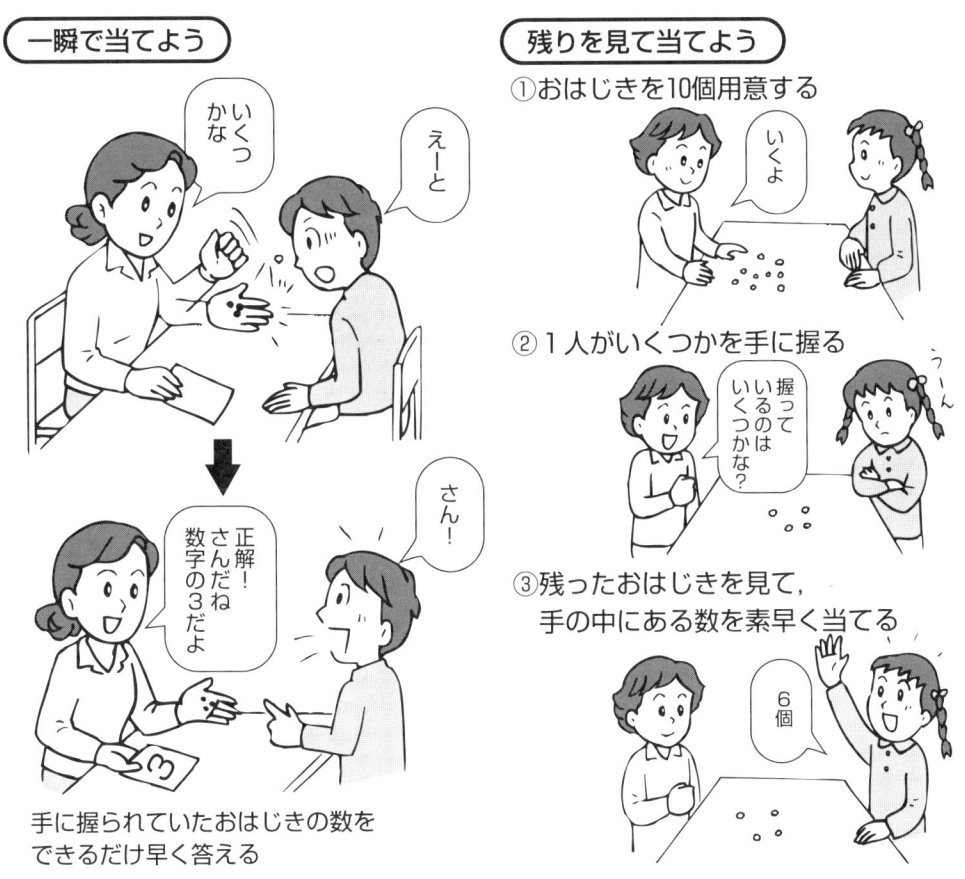

一瞬で当てよう

（いくつかな／えーと／さん！／正解！さんだね 数字の3だよ）

手に握られていたおはじきの数をできるだけ早く答える

残りを見て当てよう

① おはじきを10個用意する（いくよ）

② 1人がいくつかを手に握る（握っているのはいくつかな？／うーん）

③ 残ったおはじきを見て，手の中にある数を素早く当てる（6個）

[留意点] 3個から始め，4個，5個と増やしていきます。5個が素早く正確に言えるようになったら10個まで順に数を増やしていきます。隣どうしでゲーム感覚で楽しみながら行います。

[応用] 数字カードを見せて，カードの数だけ子どもにおはじきを取らせます。

6 算数でつまずく子②
数えるのが苦手で間違いが多い

このような子に

算数の入門期では物の数を数えることから始めます。注意の集中ができなかったり，視覚的な操作が苦手だったりする子どもは，一つずつ確実に数えることがむずかしい場合があります。そのような場合は，物と数字の一対一の対応が正確にできるように具体物を利用するとわかりやすいでしょう。

アイデア1　マグネットを置いて数える

「いち，に，さん……」と声に出しながら，マグネットを絵の上に置いて数えていく

マグネット板を
↓下敷きのようにはさむ

いち、に、さん…

「りんごは何個ありましたか？」「バナナは何本ありましたか？」
などと先生が質問をする

[留意点]　カラーマグネットは，一人の子どもに対し，数えたい物の種類と同じ色数をそれぞれ10個ずつそろえておきます。

[応用]　数える物の種類別にマグネットを置き，「全部でいくつ置きましたか」と合計をたずねて答えさせます。

このような子に

数概念の弱い子どもの中には，数概念の基礎として重要な要素の一つである数系列（数の並び方）の理解が十分でない子どもがいます。そのような子どもには，目で見える数直線の形で数系列を提示しておくと理解が進みます。

アイデア2 数ものさしを手がかりに

いつでも提示しておく

教室の前方に

1. 10＋8＝
2. 8＋9＝
3. 15－10＝
4. 11－7＝

ろく，なな，はち…

一人一人の手もとに

2本のものさしで計算する

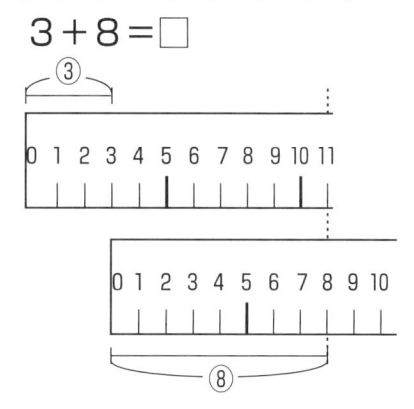

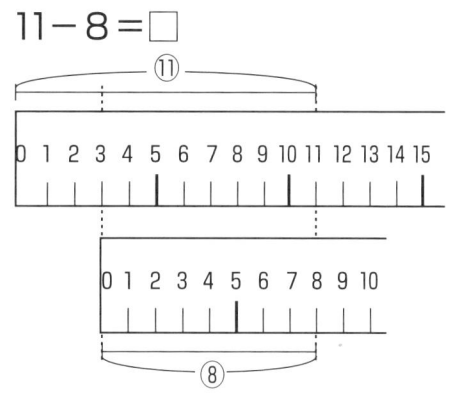

3＋8＝□

11－8＝□

(留意点) 学年ごとの学習内容と子どもの理解度に応じて，さまざまなタイプの数直線を用意します。

(応用) 子どもが自分で自分用のものさし（数直線）を作ることによって，数の理解が進みます。2本作って組み合わせると，足し算や引き算の道具として活用できます。2年生から3年生では，100までの「数ものさし」を黒板に掲示します。

6 算数でつまずく子③
十進法の仕組みが理解できない．

このような子に

「1」が10個集まって「10」になると十の位に移るという十進法の仕組みを，量概念と結びつけて理解することがむずかしい子どもがいます。そのような子どもには，階段状の「位取り板」を使って，視覚的なイメージを手がかりに，一の位と十の位の関係を量的にとらえられるようにします。

アイデア1　立体の位取り板

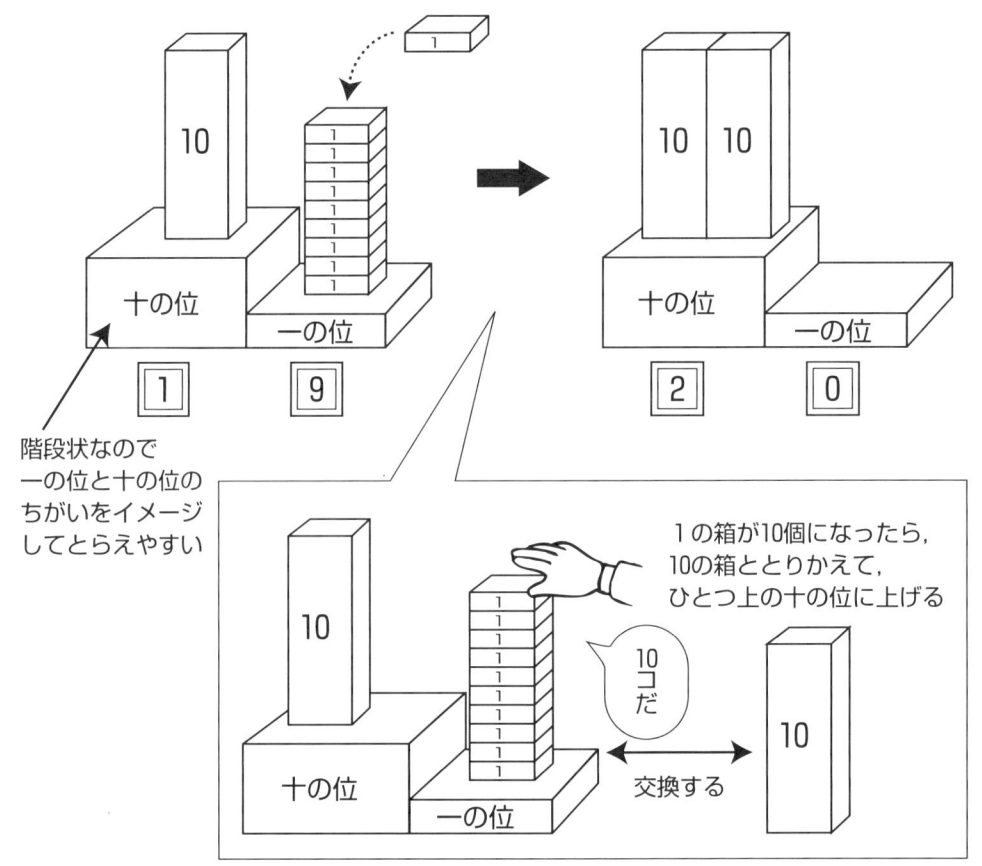

階段状なので一の位と十の位のちがいをイメージしてとらえやすい

1の箱が10個になったら，10の箱ととりかえて，ひとつ上の十の位に上げる

10コだ

交換する

[留意点]　教示のあと，個人用プリントを使って確かめをして定着を図ります。理解の進まない子どもには，一緒に箱を操作しながら，視覚と運動感覚を通して学習させます。

[応用]　立体の「位取り板」で理解が進んだら，これを平面に描いたものに取りかえます。

四則計算が覚えにくい

このような子に
計算が苦手な子どもの中には，繰り上がりや繰り下がりのある計算の手順が整理できなかったり，手順を覚えておくことが苦手なために，うまくできない場合があります。そのような子どもには，演算の手順をカードにして，いつでも参照できるようにし，理解を促します。

アイデア 2 手順カードで計算の手順を確かめる

①カードを示しながら手順を説明する

①42＋39＝□
計算のしかた
①一の位どうしをたす
2たす9は11

「まず、一の位どうしをたします」

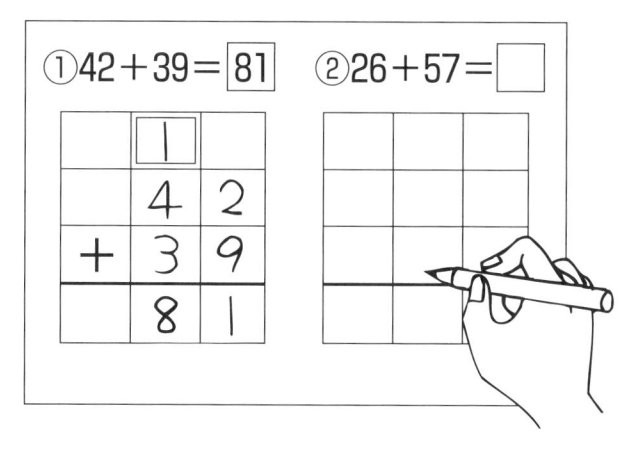

くりあがりのあるたし算の手順カード

①一の位どうしをたす

②くりあがりを□に書く

③十の位どうしをたす

④くりあがりをたす

⑤こたえを書く

②手順カードを見ながら自分で解く

①42＋39＝81
②26＋57＝□

留意点 一度に出す問題数は少なくします。一問ずつ手順を確かめながら確実に理解させます。一マスに一つの数字を入れ，位取りをそろえるよう注意を促します。

応用 さまざまな計算についても，演算手順を自分自身でカード化させましょう。3桁の計算でも，繰り上がりを書くマスを作って練習させます。マス目の大きさや問題数の異なる計算用紙を用意し，子どもが選べるようにします。

6 算数でつまずく子④
文章題のような数学的推論ができ

このような子に

文章を読んで意味や内容を理解することが苦手な子どもは，国語だけでなく算数の文章題にもつまずきます。そのような子どもには，効率的に文章を読むための手がかりとして，キーワードを見つける方法を身につけさせます。

アイデア 1　キーワードに印をつける

①声に出して問題文を一緒に読む

「キリンとゾウが…」「キリンとゾウが…」

②数字にマーカーで印をつける

キリンは380cm
ゾウは　280cmでした

③キーワードにちがう色の
　マーカーで印をつける

せたけのちがいは
いくらですか？

④式を立てて計算する

380 － 280 ＝ 100

もんだい

キリンは380cm
ゾウは　280cmでした。
2頭の動物のせたけのちがいは
いくらですか？

□ － □ ＝ □

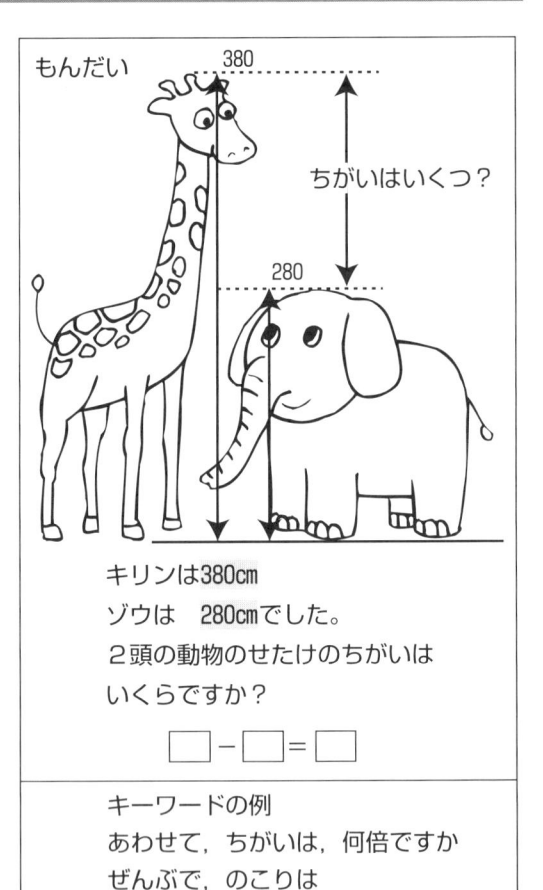

キーワードの例
あわせて，ちがいは，何倍ですか
ぜんぶで，のこりは

留意点　学習進度に合わせ，基本的な文章題を具体的に図解し，キーワードと一緒に提示しておきます。キーワードの意味はあらかじめ学習しておきます。

応用　キーワードの数はどんどん増えるので，そのたびにカード化しておきます。国語の文章でもキーワードにマーカーをぬるようにさせるとよいでしょう。

ない

このような子に

文章を読んで場面や状況をつかむことができないため，式に表すことが困難な子どもがいます。そのような子どもには，文章の意味を追いながら，問題を解く過程を図や絵で示し，それを手がかりに立式できるようにします。

アイデア2 図や絵を手がかりに順を追って考える

もんだい

お母さんが買い物に行きました。
りんごは1個120円でした。
なしは1個150円でした。
りんごを3個となしを4個買いました。
1000円出すとおつりはいくらになるでしょう。

ヒントカード①　わかっているのは？

- 🍎🍎🍎　120円×3コ
- 🍐🍐🍐🍐　150円×4コ
- 1000円

ヒントカード②　求めるのは？

図や絵のヒントカードを使って内容や状況をイメージする

手順にしたがって順を追って問題を解く

①わかっているのは何ですか？
- りんご　ねだん□円　買った数□コ
- なし　ねだん□円　買った数□コ
- お母さんのはらったお金□円

②求めるのは何ですか？

③②を求めるためにわからないのは何ですか？

④使ったお金を求めましょう
- りんごのねだん　□円×□コ＝□円
- なしのねだん　□円×□コ＝□円
- あわせたねだん　□円+□コ＝□円

⑤おつりはいくらですか？
□円−□円＝□円

⑥答えは？
□円

留意点　低学年では，やりとりの関係をペープサートで示すとよりわかりやすくなります。学習の習熟度に合わせ，ヒントカードや手順の扱いを変えます。基礎コースの子どもには挿絵を多用し，応用コースの子どもには自分で手順を作る課題を与えるのもよいです。

応用　ヒントカードがなくても自力で解けるように，少しずつ解決の方向へ導きます。

6 算数でつまずく子⑤

空間関係が理解できないため、図

このような子に

空間をイメージする力が弱いために，立体の辺や面の関係をとらえることが苦手な子がいます。そのような子には，積み木のような具体物の操作を十分にさせることが効果的です。手や目で確かめることで，空間認知の弱さを補い，辺や面の関係（垂直や並行）を理解しやすくし，最終的には立体の体積を求めることにつながっていきます。

アイデア① 箱を積んで立体にふれる

見本と同じように立方体を積む活動を毎時間のはじめに行う

できたら，色のついた立体について，重なりあう辺や面の数を数える

重なりあっている面□つ
重なりあっている辺□つ

5cmくらい　おかしの箱などを1人に5〜6個くばる

留意点 班ごとに異なる見本を提示し，興味関心がもてるようにします。箱は1辺が5cm程度のお菓子の箱や重さのある木製の箱が扱いやすいです。

応用 単位立方体を使い，見本と同じ立体を作るのに，いくつの立方体が必要かを調べさせることで，体積の学習につなげることができます。

形の把握がむずかしい

このような子に
直方体や立方体の辺や面における，並行や垂直の関係をとらえることが苦手な子がいます。特に奥行きは，基準がつかみずらいものです。透明な立体を使い，裏側を透かして見えるようにすると，並行や垂直な辺の関係，頂点の位置関係を理解するのに効果的です。

アイデア 2　透明立体を使って辺の関係をつかむ

＜準備するもの＞

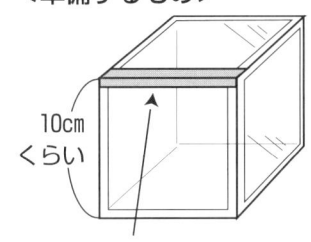

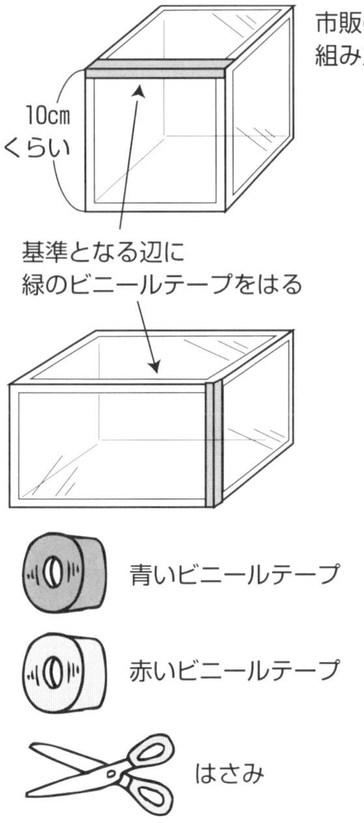

- 市販の透明アクリル板を組み立ててつくる（10cmくらい）
- 基準となる辺に緑のビニールテープをはる
- 青いビニールテープ
- 赤いビニールテープ
- はさみ

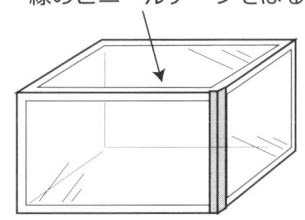

①透明立体を班に1つ配る
②基準となる辺に対して垂直な辺に青いテープ，平行な辺に赤いテープをはる

（吹き出し）
- 平行な辺は…
- 垂直な辺は交わるから…
- ココだ

留意点　グループごとに異なる立体を渡し，興味関心がもてるようにします。

応用　透明な立体を使って辺や面の関係をつかんだ後，ボール紙のような不透明な材質で作った立体で，同様の課題を行います。直方体や立方体を組み合わせた複雑な立体を使って行うのもよいでしょう。

7 運動が苦手な子①
身体意識が弱く，動きがぎこちない

このような子に

自分の体の各部位がどこにあるのかをイメージすることがむずかしい子どもがいます。ごく軽い感覚の鈍さがあるようです。そのような子に「触られる」「触る」体験をさせてあげましょう。体の部位を「体カード」を見て確かめるようにすると身体意識が育ちます。

アイデア 1 体を意識する活動

タッチゲーム

① 1人が目を閉じ，1人が教師の示した部位にタッチする

② タッチされた部位を言ってから目を開けて体カードに印をつける

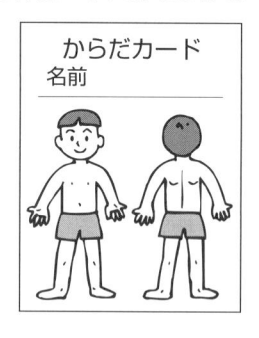

からだ地図を作ろう

① 1人が紙の上に寝て，1人が輪郭をかきとる

あたま
せなか
あしくび

② 名称を一緒に20〜30か所書き込んでいく

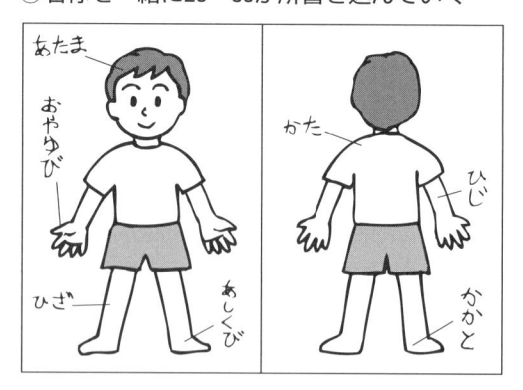

留意点 どうしても触られるのをいやがる場合は，目を閉じない，触る役だけ参加する，教師と行うなど，部分的に参加させてみます。はじめに自宅で家族で取り組んでみると安心して取り組めます。

応用 「あっち向いてホイ」の要領で，言われた部位にタッチします。

このような子に

手足の左右を意識していなかったり，意識していても，脳からの「右手を動かして！」という命令にすばやく的確に反応できない子どもがいます。視覚的な手がかりを与えながら，左右を意識して動かす運動を繰り返すことが効果的です。

アイデア 2　左右を意識する活動

ダンス＆ストップ

＜モデルの子＞

緑の左手が頭の上
赤の右手が腰だね

教師が言葉で援助する

音楽に合わせて自由におどる。音楽が止まったら，モデルの子と同じポーズをとって静止する。

旗あげゲーム

右あげて

赤だから…こっちが右だ

赤と白の旗や棒をもち右，左のかけ声でゲームをする。

[留意点] 苦手な子どものそばで，教師が左右を表す言葉をかけて援助します。
[応用] 給食の食器の配膳，筆箱やノートの置き場所の確認など，日々の生活場面でも左右を意識させる言葉かけを多くします。

7 運動が苦手な子②
器用に動けない

このような子に

「言われたとおりに体を動かさなければならない」と思っても，運動を調節することが苦手だったり，脳からの運動の命令系が育っていなかったりする場合があります。正確さを求めすぎず，ある程度自由に体を動かす場を与え，運動量を増やすことで身体機能を高めます。

アイデア① 音楽に合わせて全身運動

スキップ　とぶ　走る走る　ゆっくり歩く
ゴロゴロゴロ　立つ　ぐるぐる

教師の「歩く」「走る」などの指示によって，音楽に合わせて自由に体を動かす

[留意点] 音楽は年齢に合わせて選曲します。音楽の教師や学年の先生方と話し合ってつくるのもよいです。頭出しのわずらわしさを避けるために，10分テープの両面に録音してエンドレスで流せるようにします。

[応用] 同じ音楽テープを使って，「音楽が止まったら，1・2歩で止まる」「曲が流れたらまた歩く」など，曲に合わせて体を動かす練習をします。

このような子に

ボール遊びでは，空中を飛んでくるボールのスピードや方向をとらえ，それに合わせて受け取ったり，打ったりする器用さ（目と手の協応）が要求されます。また，自分に向かって飛んでくるボールに恐怖心をもってしまう子どももいます。不器用さをカバーするような道具を使ってキャッチボールを体験させ，感覚を養います。

アイデア 2 　軍手キャッチボールで目と手の感覚を養う

「ここだよ」
「ここに投げる」
「いくよー」
3m

くっつきボールとくっつき手ぶくろを使ってキャッチボールをする。
手にあたればキャッチできる。

くっつきボール
マジックテープ
ソフトテニスのボールにマジックテープをはったり，布をかぶせてぬいつける

くっつき手ぶくろ
軍手にフェルトをぬいつける

手形ボード
（表）ボール紙
（裏）手ぶくろの代わりに使ってもよい

留意点　短い距離から，徐々に距離を伸ばします。また，左右・上下・前後に少し動きを入れたような場所にも投げてもらうようにします。

応用　できるようになったら，やわらかいボールを使って，素手でキャッチボールを行います。また，少し大きいビーチボールでも練習してみます。

7 運動が苦手な子③

疲れやすく，運動をすぐやめてし

このような子に

疲れやすく，長く同じ動作を続けられない子どもは，運動を継続するために必要な筋力が育っていないことが考えられます。また，筋力はあるものの気分にムラがあり，気分がのらないと「疲れた」と言って取り組まない子どももいます（注意集中の弱さ）。どちらのタイプであっても，見通しをもたせ，授業の中に上手な休憩タイムをつくることが効果的です。

アイデア1　上手な休憩タイム

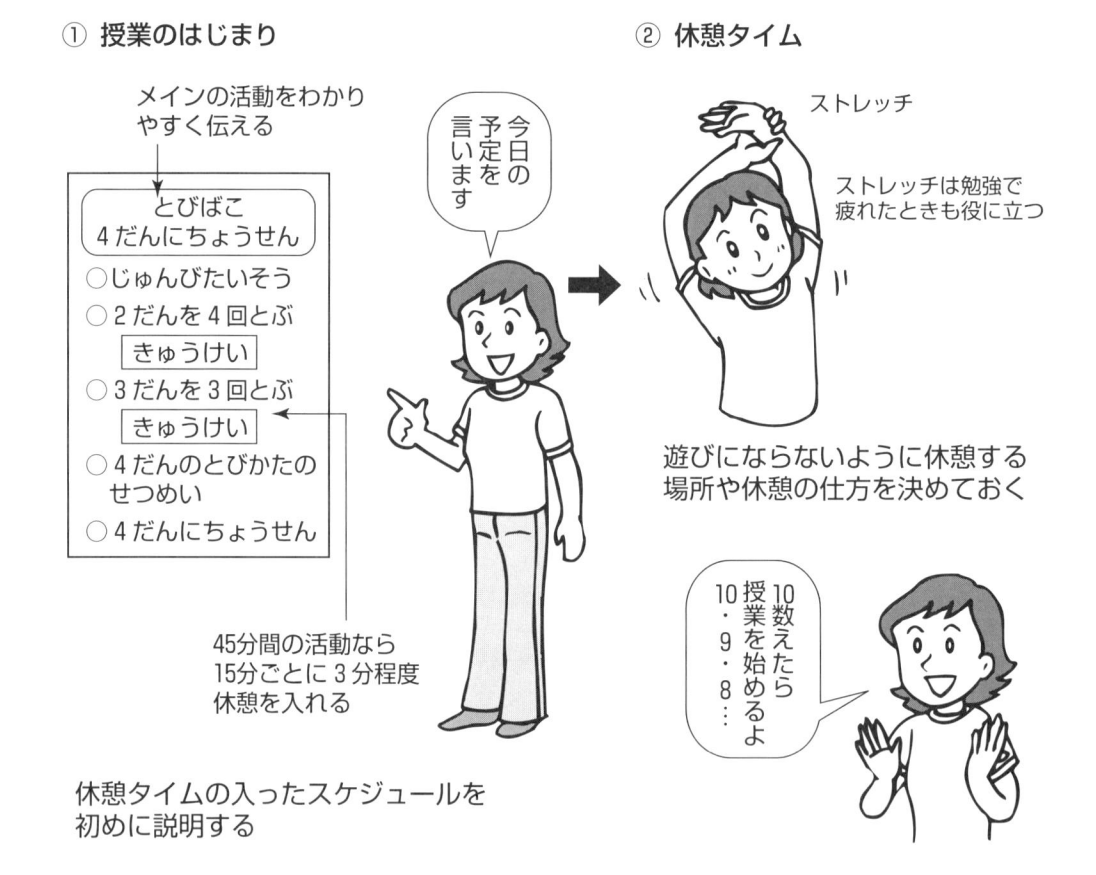

① 授業のはじまり

メインの活動をわかりやすく伝える

```
とびばこ
4だんにちょうせん
○じゅんびたいそう
○2だんを4回とぶ
　きゅうけい
○3だんを3回とぶ
　きゅうけい
○4だんのとびかたの
　せつめい
○4だんにちょうせん
```

45分間の活動なら15分ごとに3分程度休憩を入れる

休憩タイムの入ったスケジュールを初めに説明する

「今日の予定を言います」

② 休憩タイム

ストレッチ

ストレッチは勉強で疲れたときも役に立つ

遊びにならないように休憩する場所や休憩の仕方を決めておく

「10数えたら授業を始めるよ　10・9・8…」

[留意点]　休憩を入れるタイミングは，天候や子どもの様子（表情や動き）に応じて，臨機応変に対応します。

[応用]　立ち歩きがあったり，落ち着きのないクラスの場合，こまめに休憩をとって，注意の喚起を促すことで効率が上がり，トータルの集中時間も長くなります。

まう

このような子に

運動会の本番は参加するけれど練習は見ているだけ，準備運動はやらないけれど幅跳びは行なうなど，課題や繰り返し行う基礎練習の大切さを理解しずらい子どもがいます。子どもの体力や運動能力に応じた働きかけを行うと同時に，ゴールの先のお楽しみを工夫して，参加する機会や取り組む時間を少しずつ増やしていきます。

アイデア 2　ゴールの先のお楽しみ

4年1組 体育ポイント賞品！

- 10点　山田先生とあくしゅ
- 50点　山田先生とあっちむいてホイ！
- 70点　山田先生にぐるぐる回し3回
- 100点　クラスのみんなからの盛大な拍手！！
- 150点　山田先生と腕ずもう
- 200点　教頭先生と腕ずもう
- 300点　なんと！校長先生とすもう

ぐるぐる回し

校長先生とすもう

体育ポイントゲット表

名前			
	めあて	どのくらいできたかな	合計
5/10	じゅんびたいそうをきちんとする（5点）	5	5
	はばとび きいろラインまでとぶ（2点）	2	7
5/17	じゅんびたいそうをきちんとする（5点）	2	9

①ポイントゲット表に今日の目標を決める
②授業のあとに今日の点数をつける
③点数がたまったら「体育ポイント賞」をもらえる

留意点　運動が苦手な子どもの参加の動機づけとして，教師から見た子どもの努力，友達への応援・協力などをポイントとして，加算することも必要です。
　　　　お楽しみの内容は，担任以外の教師にも協力してもらうと，子どもが喜びます。

応用　チーム分けのときのリーダーにしたり，好きなゲームを選択できる特権を与えてもよいでしょう。

7 運動が苦手な子④
人前で体操や演技をいやがる

このような子に
引っ込み思案な子どもや場面緘黙傾向のある子どもは，人に注目されることが苦手で，ときには苦痛にさえ感じてしまいます。また，自分のつらさを上手に言えずに，周りから見るとふざけているような態度をとってしまうこともあります。そのようなときは強制的にやらせるようなことはせず，参加できることから始めます。

アイデア 1　絶対拍手してくれる人の前で演じる

[教師と2人で練習する]

「いいねすごいわ」「1・2・3・4…」

① 教師と2人で練習をする

「手の動きがとてもいいね」「できるんだ」

② ビデオにとっておき，一緒に見て，できていることを確認する

[友達と数人で練習する]

「せーの」「1・2・3・4…　2・2・3・4…」

できないことを指摘するのではなく，できたことをほめるように約束しておく

仲のよい子と一緒に練習する

[留意点] 放課後に教師と2人きりならできるか，家庭ならできるかなど，対象児がどの場面で自己表現できるのか情報を収集します。子どもに聞いてみるのもよいです。

[応用] 国語では，「お家での本読み」をテープにとってきてもらい，評価します。運動場面に限らず，学校生活全般で自信をなくしていることがあるので，得意なことを見つけて評価する機会を増やします。

このような子に

「まちがってしまったら嫌だな」「みんなと一緒にきちんとできないな」と心配になって，人前での演技を嫌がる子どもがいます。ときには，部分参加 OK，自由な動き OK，自分で振り付け OK の体操の時間をつくります。また，ヨガのポーズなどの動かない運動も教えてあげると，その子にとっては参加しやすくなります。

アイデア ② いろいろな参加の仕方もOK

できるところから部分参加

足ならカンタン！

足のステップはみんなと同じに

二人組で練習

前の子の動きを見ながらステップをふむ

自由に動ける場面をつくる

ジャンプ　スキップ　ピタッ

動くのが苦手な子は，静止してもよいことにして，参加させる

[留意点] 「人とちがう参加の仕方」を，対象児やクラスの友達が抵抗なく受け入れるためには，ふだんから一人一人の子どものよさを個別に評価する下地が大切です。

[応用] 例えばサンバのリズムで踊ることがむずかしい場合は，他のリズムに変えたり，ただ体を動かすだけにします。

7 運動が苦手な子⑤
リズミカルな動きが苦手

このような子に

指示を聞いてすぐに体を反応させられない子どもがいます。動かそう，止まろう，ジャンプしようとするのですが，一歩遅れたり，指示とはちがう運動をしてしまったりすることもあります。そのような場合，その子どもなりのストップの目安を教えると効果的です。

アイデア1 体の動きをストップさせる練習

だるまさんがころんだのコツ

「ん」が聞こえたら走るのをやめて，「だ」で姿勢を止めるように教える

笛がなったらポーズ！

円になって歩き，笛が鳴ったら思い思いのポーズで止まる

留意点 遊びの中で「コツを教えて」と言うと，子どもなりの視点で教え合うことができるようです。

応用 じゃんけんが苦手な場合は，「グー，グー，グー。最初はグー。じゃんけんぽん」などと上手にリズムを変えて工夫します。始動前のひと動作を入れる，止まるきっかけを伝える，動きを遅くしてやってみるなどが効果的です。

このような子に

体育で体操やダンスをしていると，ちょっと動きの遅れる子どもがいます。「動くよ！」と脳が指令をしてから実際に動くまでに，友達より少し時間がかかってしまうようです。そのような子どもには，連続したリズミカルな運動を行う前に，単純な動作に的をしぼり，リズムに合わせて繰り返し体を動かす練習が効果的です。

アイデア2 リズム感を養う練習

足じゃんけん

- せーの
- さい ○ ← 両足をそろえてとぶマーク
- しょは ○
- ぐー 🦶
- じゃん ○
- けん ○
- ぽん

あしじゃんけん
ぐー　ちょき　ぱー

足型ケンケン
パー／ケン／パー／ケン／パー／ケン／ケン
スタート
タンバリンのリズムに合わせて進む

① グーかチョキかパーかを足で出す練習
② 後出ししてジャンケンに勝つ練習
③ リズムに乗って「せ～の，最初はグー…」

[留意点] 手をとって一緒に跳ぶと，リズムが感じられます。絵や文字など目からの情報も活用します。一定のリズムでできるようになったら，速さを変えます。

[応用] 縄跳びや，大縄跳びにもリズム感が必要です。鉄棒やマット運動も，リズム感があると動きの習得に役立ちます。

8 手先が不器用な子①
見ている部分に正確に筆を動かす

このような子に

目で見た情報を取り込んで，手の運動に変えて表すことが苦手な子どもは，形を整えて字を書くことや，絵を描くことなどの操作もうまくできません。それぞれの動作の練習を積み重ねられるように，子どもたちが大好きな迷路を活用します。楽しみながら運筆の練習をすることで，書くための基礎力が養われます。

アイデア① 文字がくれ迷路

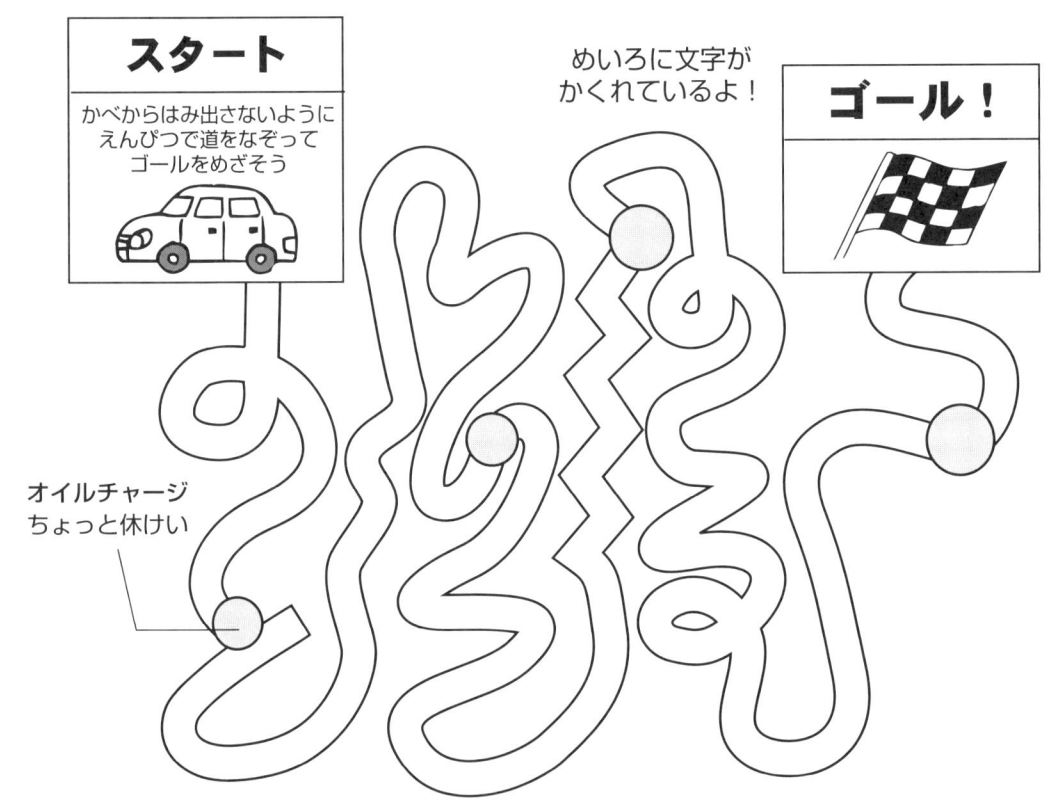

スタート
かべからはみ出さないようにえんぴつで道をなぞってゴールをめざそう

めいろに文字がかくれているよ！

ゴール！

オイルチャージ
ちょっと休けい

２回目からはいろえんぴつでちょうせん！

[留意点] ゴールしたら，かくれた文字をいくつ見つけられたか発表します。２回目からは制限時間を設け，徐々に時間を短くします。クラスの器用な子には，利き手と逆の手でやったり，鏡に映してやったりすることに挑戦してもらいます。自分たちで迷路をつくって楽しむのもよいでしょう。

[応用] 国語の時間のはじめに「書く基礎練習」という設定で行えます。

のがむずかしい

このような子に

不器用な子どものなかには，定規をうまく使えない子がいます。長さを測るためには，始点を0に合わせて定規の目盛りを読まなくてはなりません。線を引くためには，定規を左手で押さえ，右手で鉛筆を定規に沿って走らせて，必要な長さで止めなければなりません。このような目と手の協応運動を点結びで練習させます。

アイデア 2 定規の上手な使い方

自分が使いやすい定規を選ぶ

- 目もりのない部分はどのくらいがいいかな？
- 目もりの数字は？
- 定規の厚みは？

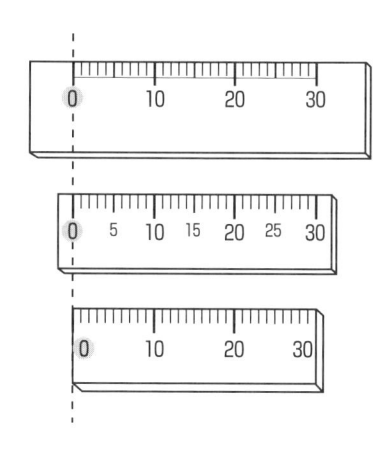

目もりの始まるところがスタート

点結びの練習

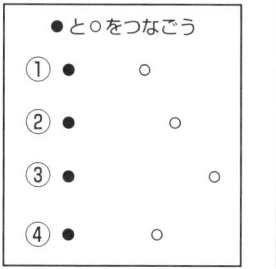

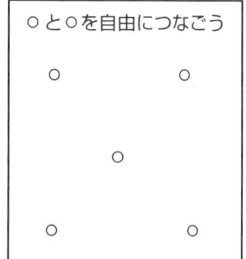

●と○をつなごう

① ● 　○
② ● 　　○
③ ● 　　　○
④ ● 　○

○と○を自由につなごう

線の引き方

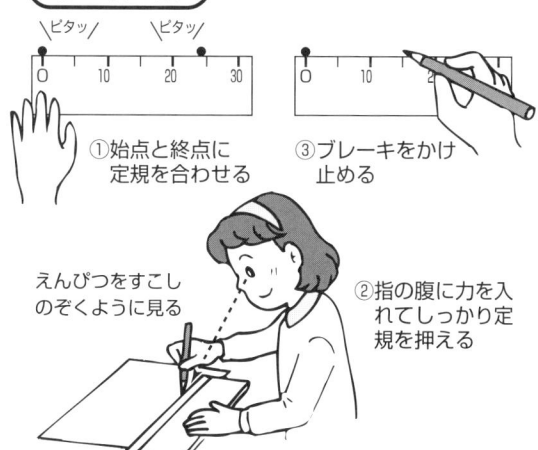

① 始点と終点に定規を合わせる
② 指の腹に力を入れてしっかり定規を押える
③ ブレーキをかけ止める

えんぴつをすこしのぞくように見る

留意点 子どもにより使いやすい定規があるので，どのようなものがよいか検討します。

応用 算数で作図するときも定規の使い方を同様に指導します。新聞作りで画用紙に枠を書くときも，先に点を打っておいて，そこに定規を当てて線を引くようにさせます。

1章 学習に関する支援

8 手先が不器用な子①

8 手先が不器用な子②
指先の動きがなめらかでない

このような子に
手で触ったときの感覚が弱いために，指先を使った細かな作業が上手にできない子どもがいます。本人も上手にできないので，イライラしたり，やりたがらなかったりする傾向があります。そのような子どもには，まず指先の感覚を養う課題をたくさん行うことから始めるのが効果的です。

アイデア 1 粘土で指先の感覚を高める

きょうの10分あそび
- 丸める
- のばす
- ちぎる
- たたく
- しぼる

ねんどあそび

指の動かし方や力の入れ具合を個別に指導する

「もう少し力を入れて粘土を押してごらん」

① 粘土を丸めるちぎるなどを自由にくり返す
② 見本をまねしてつくる
③ 小さな形づくりにも挑戦

[留意点] 指の体操として授業の中で位置づけて，作品を発表したり展示したりしないほうが，失敗を嫌がらずに取り組めます。

[応用] 他の課題として，どろだんご作り，ちぎり絵，フィンガーペインティングなどがあります。

このような子に

指先の動きがなめらかでない子どもに，力の強さを加減したり力を入れる方向性を養う課題を行うように促します。昔の遊びのなかには，楽しみながら手先の巧緻性を育てる遊びがたくさんあります。

アイデア 2　むかし遊び

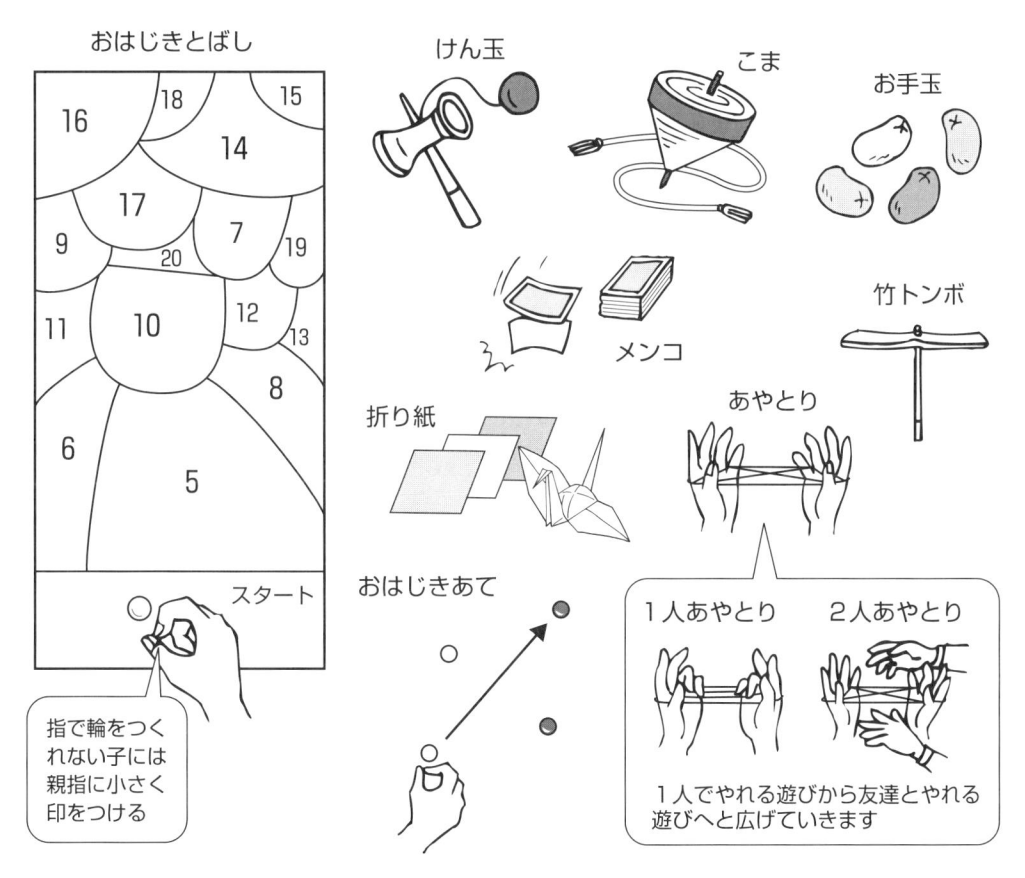

おはじきとばし／けん玉／こま／お手玉／メンコ／竹トンボ／折り紙／あやとり／おはじきあて

指で輪をつくれない子には親指に小さく印をつける

1人あやとり　2人あやとり

1人でやれる遊びから友達とやれる遊びへと広げていきます

[留意点] 学級で「昔遊びの時間」を設けたり，クラブ活動の1つに取り入れて誘ったりするといいでしょう。1つの動きを習得するまでに，時間も練習量もたくさん必要なので，「楽しい」「またやってみよう」と思わせることがポイントです。

[応用] 家庭での料理の手伝い（きぬさやのすじをとる，皮むき器でにんじんやジャガイモの皮をむく）なども効果的です。

8 手先が不器用な子③
折る，たたむなどが苦手

このような子に

折ることが苦手な子どもは，手先の不器用さのほかに，角や辺を合わせることが苦手だったり，できる形をイメージする力が弱かったりします（視空間認知の弱さ）。まず，「角をそろえる，合わせる」ことを意識させ，完成図を見せて視覚的にイメージできるようにします。

アイデア1 角と角を合わせる練習

1回で折れる形

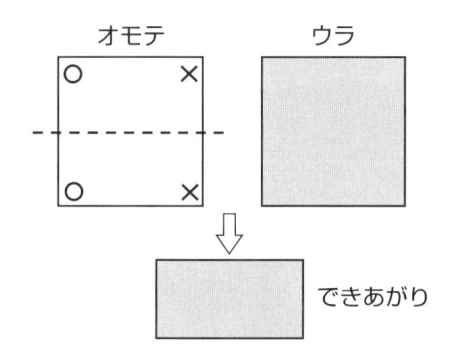

オモテ　ウラ

できあがり

①○と○のかどをきちんと合わせる
②×と×のかどをきちんと合わせる
③左手でまん中をおさえて右の指できゅっきゅっとおる

2回で折れる形

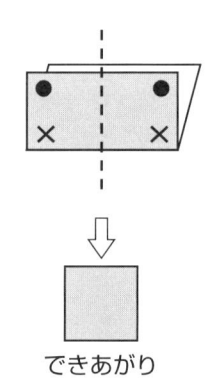

できあがり

①●と●を2枚ずつもってずれないように合わせる
②×と×も合わせる
③指できゅっきゅっとおる

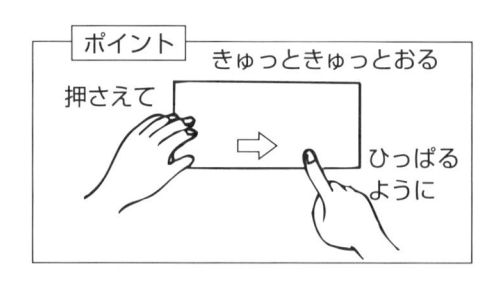

ポイント
押さえて　きゅっときゅっとおる　ひっぱるように

応用
プリントの角をそろえよう
ファイル

留意点　色紙は表と裏の色を変えるように，2枚を貼り合わせます。指先の力の加減ができない場合は，少し折り目をつけた紙や，あらかじめ印や折り線の書いてある紙を用いて練習させます。

応用　徐々に紙を大きくして，B5やA4の紙も折れるようにします。

このような子に

不器用な子どもは，体育の着替えや服をたたむことに時間がかかります。家庭でも上手にしつけることができなくて，自分の服をたたむ習慣が身についていないことも考えられます。手順表や完成図などの視覚的手がかりを用いて，根気よく練習させます。

アイデア 2　手順表と完成図を手がかりに

きがえの手じゅん

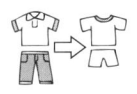

1. 体そうふくをふくろからだしていすの上にのせる
2. 上のふくをぬいでつくえの上におく 
3. 体そうふくをきる 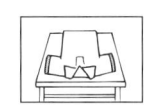
4. ズボン（スカート）をぬいでつくえの上におく 
5. 体そうズボンをはく 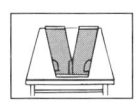
6. ぼうしをかぶる 
7. ふくをたたむ 

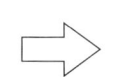

たたむ手じゅん

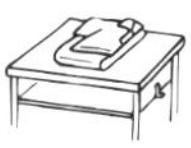

1. 上のふくのそでとそでをあわせてはんぶんにおる 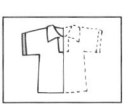
2. すそを上にむけてはんぶんにおる 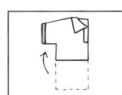
3. ズボン（スカート）をよこむきにしてはんぶんにおる 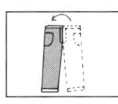
4. すそを上にむけてはんぶんにおる 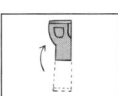
5. ズボンの上に上のふくをのせてつくえの上におく

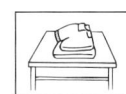

ごうかく！

体育の前にこの2枚を黒板に貼る。裏には逆の手順を書いておく。

[留意点]　気が散って集中できない場合は，教室のすみに着替えコーナーを作り，壁に向かせて集中させます。手順表がよく見える黒板の前でもよいでしょう。

[応用]　給食の白衣やエプロンのたたみ方，プール後のぬれた水着の後始末にも活用します。学級だよりなどで学校の指導方法を家庭に知らせ，家の人と一緒に洗濯物をたたんでみることもよいでしょう。

8 手先が不器用な子④
空間をイメージする力が弱い

このような子に

展開図から立体を予測することや，組み立てるときに展開図の辺や角がどこと一致するのかを考えることに弱さがある子どもは，「展開図を組み立てよう」と言われても，むずかしすぎてついつい敬遠しがちです。手順とのりづけする箇所をはっきり提示することで，完成させて自信をもたせることが大切です。

アイデア 1 　展開図から立体を作る

〔展開図〕

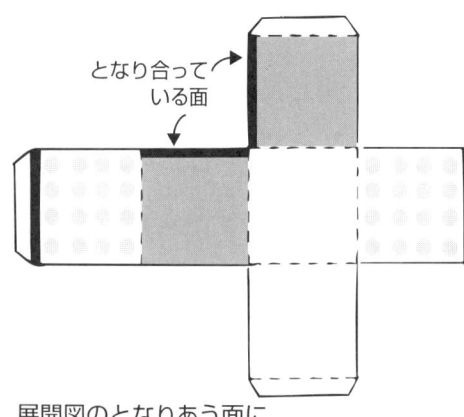

となり合っている面

展開図のとなりあう面に色やマークをつけておく

〔完成品〕

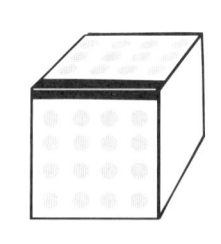

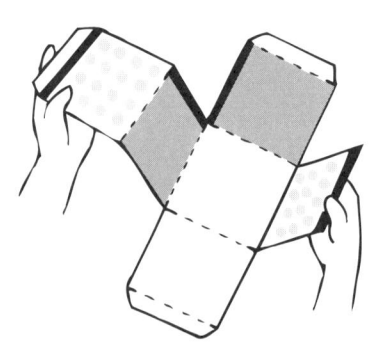

①折り目にそって折る

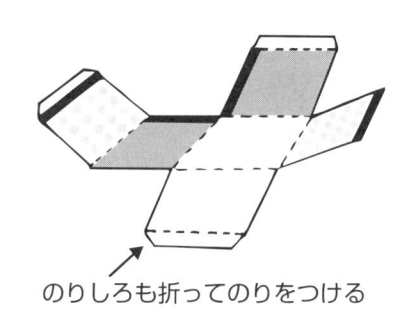

のりしろも折ってのりをつける

②完成品を見ながら組み立てる

こことここがとなりになるには……

[留意点] 隣り合わせの面には，同じ色やマークを付け，折線やのりしろもわかりやすく示してヒントにします。

[応用] 大きさを変えて，大小さまざまな立体を作ります。サイコロを作って，ゲームで使うことができます。

このような子に

空間をイメージすることが苦手で、うまく立体を操ることができない子には、図を平面から立体へ頭の中で操作する練習を通して、空間をイメージする力を身につけさせます。実際に展開図を組み立てる操作課題をたくさん取り入れて、考える手助けとします。ゲーム性をもたせることで、参加意識も高まります。

アイデア 2 展開図から多面体や立体を探す

どの展開図がどの立体になるかをあてる

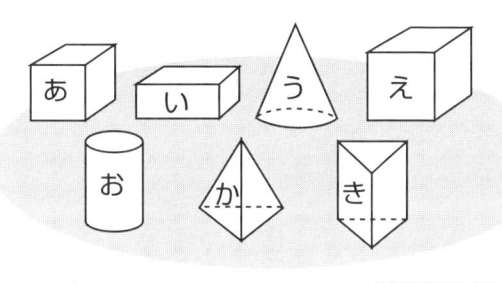

あ／い／う／え／お／か／き

①立体を予想するポイント

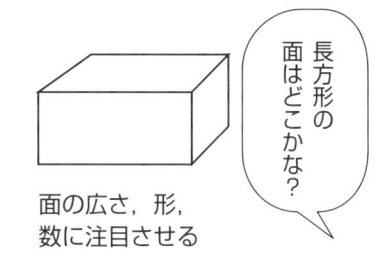

「長方形の面はどこかな？」

面の広さ、形、数に注目させる

①／②／③／④／⑤／⑥／⑦

②実際に作って確かめる

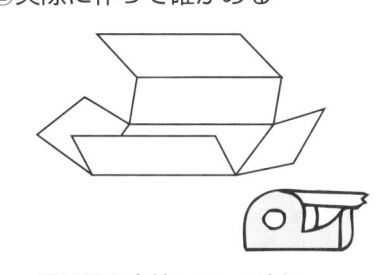

展開図を点線にそって折り
セロファンテープで簡単に
固定する

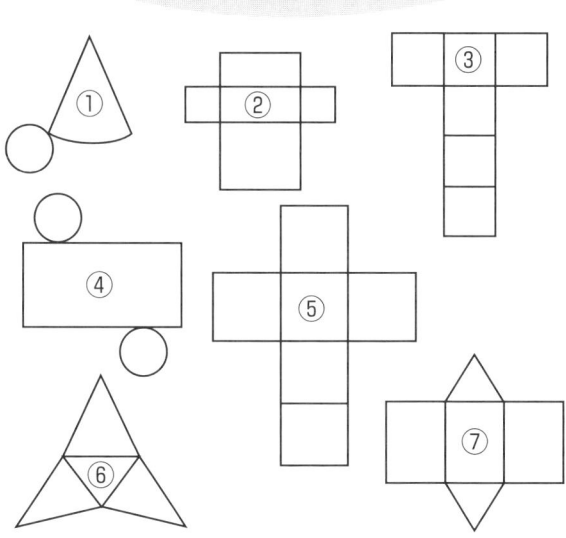

[留意点] 展開図から立体を見つけるときのポイントを個別に指導します。円すい・円柱・四角すいなども用意しましょう。

[応用] 家庭にあるさまざまな立体を持ち寄り、自分たちで展開図を作って、クイズを出し合います。

8 手先が不器用な子⑤
工作が上手にできない

このような子に

道具がうまく使えなくて工作に対して苦手意識をもったり，順序だてて作業をすることが苦手なため，結局は未完成に終わってしまう子どもがいます。道具を扱う力，順序だてて作業を進める力を育てるためには，見本どおりに作る基礎課題を行うことが効果的です。

アイデア1　貼り絵で道具の使い方をマスター

〔材料〕

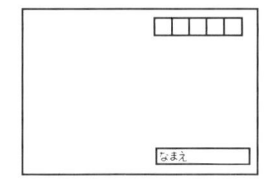

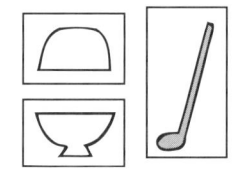

〔できあがり〕　□からはみ出さないように字を書く

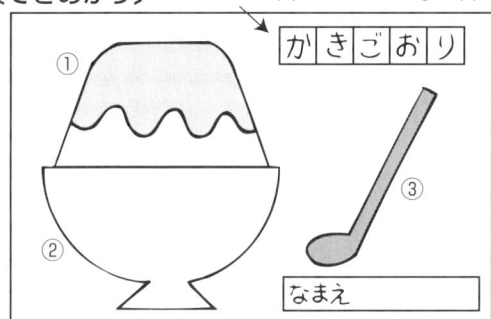

1　線にそって切る
2　きれはしを捨てる
3　台紙の上に切ったパーツを置く
4　新聞の上にパーツをのせのりをつける
5　順番どおりに台紙にはる
　　①②③の順番に
6　色えんぴつでシロップの色をぬる
7　色えんぴつで□の中に文字をかく

〔コツを教える〕

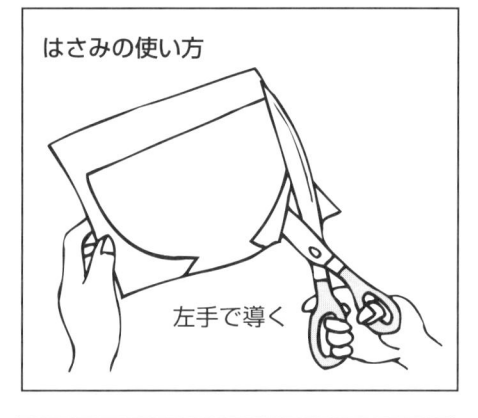

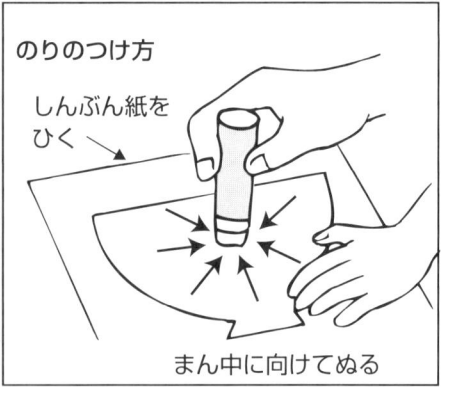

はさみの使い方
左手で導く

のりのつけ方
しんぶん紙をひく
まん中に向けてぬる

(留意点)　課題は「切る」「貼る」「描く」の3工程が含まれるものを用意します。作業手順や道具の使い方のコツは表にして示します。見本を提示し，休み時間などを利用して自分のペースで仕上げさせます。

(応用)　道具の扱い方，手順などの支援は，他の作業活動にも応用できます。切り絵や，立体的に折ったものを貼る作業を行うのもよいでしょう。

このような子に

作りたい作品のイメージがあり，がんばって作ってみるものの，思ったようには仕上がらずに，イライラが募ってしまう子どもがいます。苦手意識が強くなっており，工作嫌いにならないように，自分のアイデアを生かして作る楽しさを体験させることが効果的です。

アイデア2 未来の乗物やロボット作り

①完成図をかく

②材料を集める

家にある不用品

③作品をつくる

できた!!

未来の作品なのでどんな発想もOK。
マジックや絵の具で色もつけよう。

[留意点] 細かいパーツは人に頼んで切ってもらったり，のりの代わりにセロテープやホチキスを使ったりして，完成させます。子どもが自信をもって取り組めるように支援の量を加減しながら，「今回は自分で切ってみよう！」と促します。

[応用] 粘土に不用品をはめ込んで作る「未来の家」作りや，はさみを使わずに，紙をちぎって貼り付ける「ちぎり絵」もよい活動です。

9 整理・整頓ができない子①

どこに片づけるかがわからない

このような子に

片づけ方を教えても忘れてしまう子どもや，片づけようという意識の低い子どもは，片づける場所がわからなくなると面倒になって，散らかしたままにしておくことがあります。片づける場所をわかりやすく視覚的に示すことによって，きちんと使ったものを元に戻そうという意識を養います。

アイデア① 片づける場所に文字・図・写真で目印

〔学級の文房具棚〕

リサイクルプリント
場所と同じ色のテープをはる
図や写真でも表示する
マジック
先生への提出物

文房具棚に入れる場所を決め，棚と入れる物を同じ色にする

〔体育館〕

バスケット / バレー
卓球 / ラケット / 球 / 球
ゼッケン / あか / きいろ

種類ごとにしまう場所をわかりやすく示す

(留意点) 特定の人のためにやるのではなく，みんながわかりやすく片づけるための工夫であることを学級の子どもたちに伝えるようにします。

(応用) 自分のカラーを決めておき，道具箱やロッカーに同じ色のビニルテープなどを貼ると，個人の持ち物の整理にもつながります。

このような子に

記憶力の弱い子どもは，借りた本がどこにあったのか，借りた本をどこに置いたのか，場所がわからなくなってしまいます。本棚と本に同じカラーを付け，色のマッチングをすることで，正しく返却することができます。また，本の分野ごとにイラスト表示をしておくと，目的の本を探しやすくなります。

アイデア2 しまう場所を色で示す

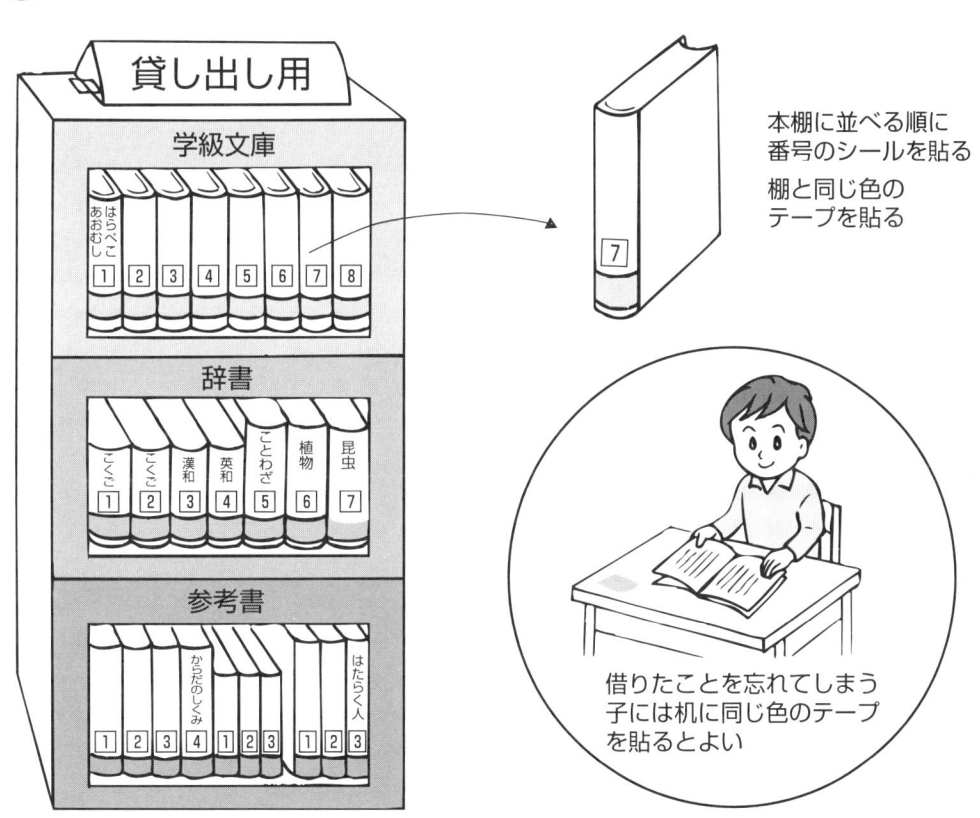

本棚に並べる順に
番号のシールを貼る

棚と同じ色の
テープを貼る

借りたことを忘れてしまう
子には机に同じ色のテープ
を貼るとよい

学級文庫や図書室の本棚に，文字と色で場所を示す

(留意点) だれにでも一目でわかるような表示が効果的です。わかりにくいと，せっかくの視覚的な表示の意味が薄れてしまいます。

(応用) 図書室の表示にも利用できます。

❾ 整理・整頓ができない子②
必要な物と，そうでない物の区別

このような子に

使い終わったものを整理して，しまう習慣のない子どもは，机の中や上が整理されずに，必要な物とそうでない物が混在してしまいます。そのため，必要なときに必要な物を見つけ出せないことがあります。使い終わった物を別にしまえるように場所をつくってあげると，必要な教科書やプリント類の区別がしやすくなります。

アイデア① フィニッシュボックス

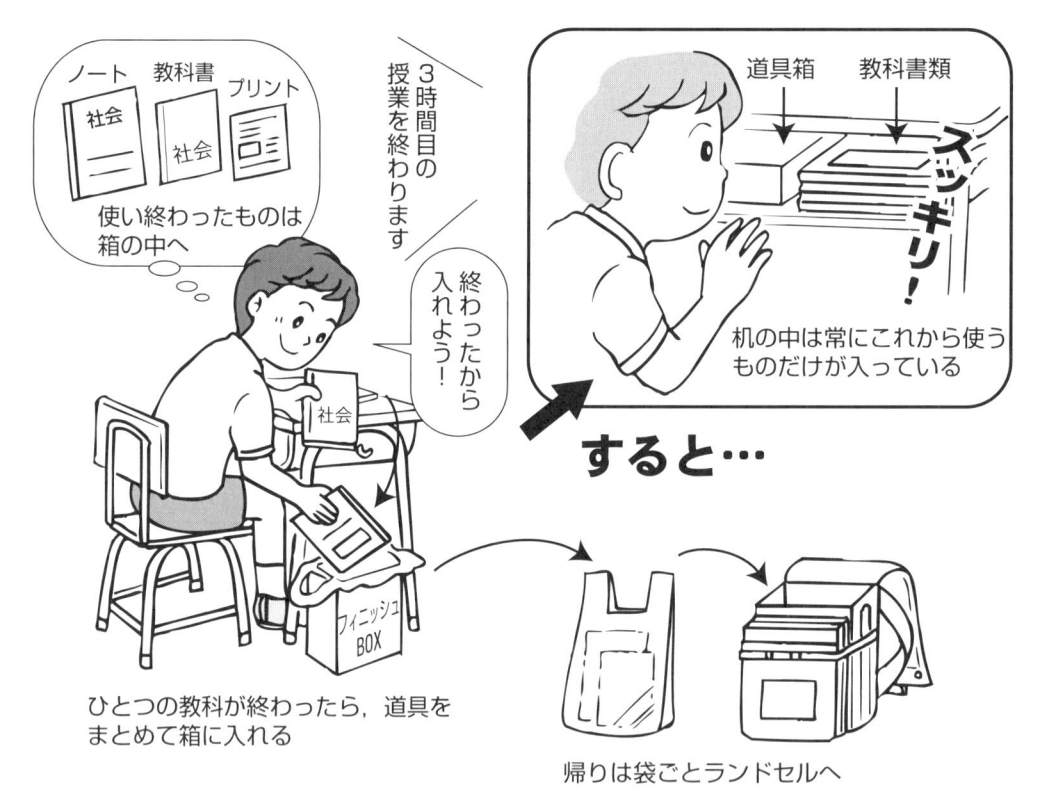

ひとつの教科が終わったら，道具をまとめて箱に入れる

帰りは袋ごとランドセルへ

机の中は常にこれから使うものだけが入っている

授業が終ったら，今使っていた勉強道具を「フィニッシュボックス」に入れる

[留意点] 子どもや保護者とよく話し合ってから取り組みます。できれば廊下側や後ろの席など，箱を置けるスペースのあるところや，目立たない場所に座席を移す配慮が必要です。

[応用] 高学年などで周囲を気にする場合は，机の脇に掛けられる手提げ袋を利用します。

がむずかしい

このような子に
物の形や色を識別する力の弱い子どもは、その時間の教科書やノートを出すのに手間どったり、自分の物と他人の物の区別がつかなかったりします。使う時間ごとに道具をひとつにまとめたり、わかりやすいマークをつけてマッチングさせたりすることで、必要な物や自分の物に注目させるようにします（低学年には整理・整頓の指導に効果的です）。

アイデア2　整理バッグと自分のマーク

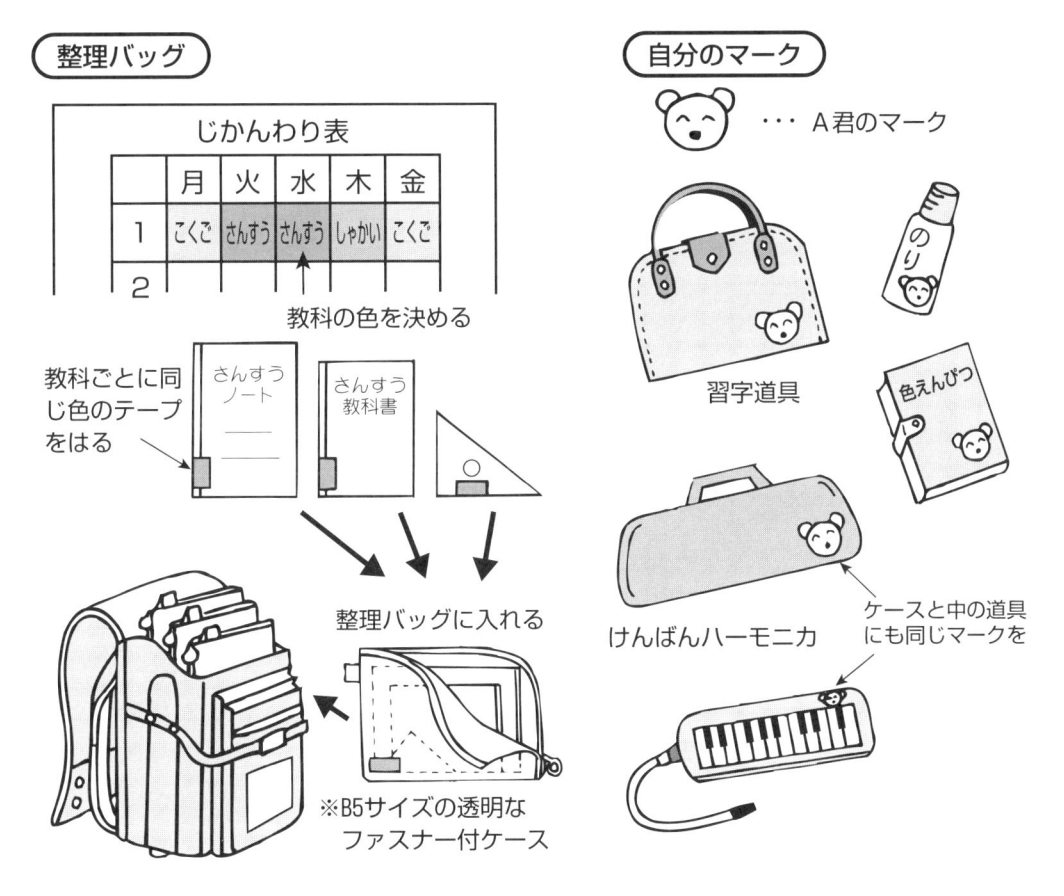

整理バッグ

じかんわり表

	月	火	水	木	金
1	こくご	さんすう	さんすう	しゃかい	こくご
2					

教科の色を決める

教科ごとに同じ色のテープをはる　→　さんすうノート／さんすう教科書

整理バッグに入れる

※B5サイズの透明なファスナー付ケース

自分のマーク

🐻 … A君のマーク

- 習字道具
- のり
- 色えんぴつ
- けんばんハーモニカ

ケースと中の道具にも同じマークを

留意点　物の識別のむずかしい子どもに対する支援なので、できるだけ声かけをしながら子どもと一緒にやるようにします。家庭との連絡を取り合って、家では保護者と一緒に道具をそろえるようにします。

応用　遠足や旅行に行くときは、必要な物を、使う用途や活動ごとに分けて小袋に入れ、表に時間や内容などを書かせるようにします。

⑨ 整理・整頓ができない子③
整理・整頓のコツが覚えられない

このような子に
物事の順序や手順を上手にイメージできない子どもや，掃除を部屋の端からやらないと気が済まなかったり，やり残したところに気がつかなかったりする子どもがいます。作業する場所を区切って，きれいになった場所が目に見える形で増えていくようにして，片づけのコツを教えていきます。

アイデア 1　作業する場所を区切る

ゆかそうじのコツ

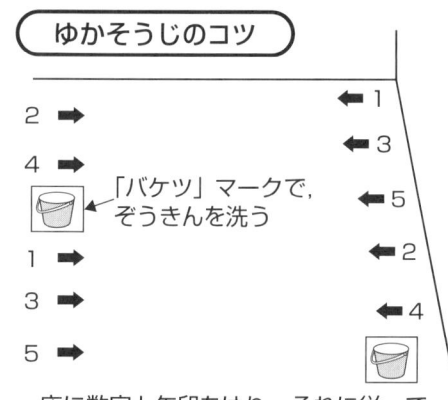

床に数字と矢印をはり，それに従ってぞうきんがけをする

黒板ふきのコツ

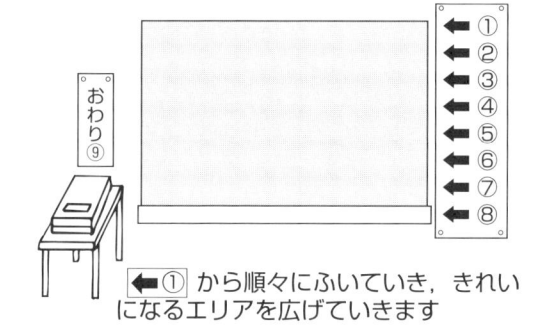

←① から順々にふいていき，きれいになるエリアを広げていきます

給食片づけのコツ

残菜／おわん／皿／はし／牛乳パック／おぼん

左から右の順に片づけるものの順番カードをはる

草取りのコツ

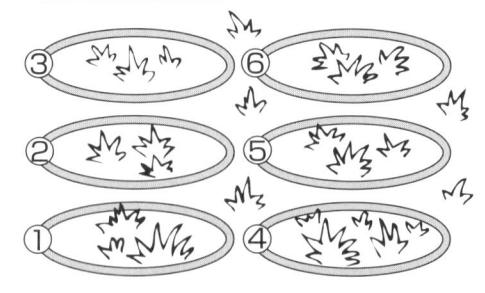

フラフープを置く。フープには番号をつけて，①のフラフープ内の草から取り，順に⑥まで取っていく

[留意点]　筆箱や道具箱の整理，狭い場所のふき掃除など，短時間で終わるものから始めて，達成感を感じられるようにします。ひとつの区切りが終わるごとに，手順表にシールをはるなどして意識化をさせます。

[応用]　家庭の自分の机や部屋の整頓など，徐々に片づけられるようにしていきます。子どもの特性をつかんで，保護者と一緒にできるような取り組みをしていきます。

このような子に

順序を言われると面倒に感じたり，先の見通しがもてないので作業すること自体を退屈に感じたりする子どもがいます。あちらこちらと気まぐれに作業をして，ふらふらと歩き回るだけで結局は何も片づいていないこともあります。作業の終わりはどんな状態になっていればよいかということを視覚的に示すことで，整理・整頓のコツが理解できます。

アイデア ② 写真や絵で終わりの形を示す

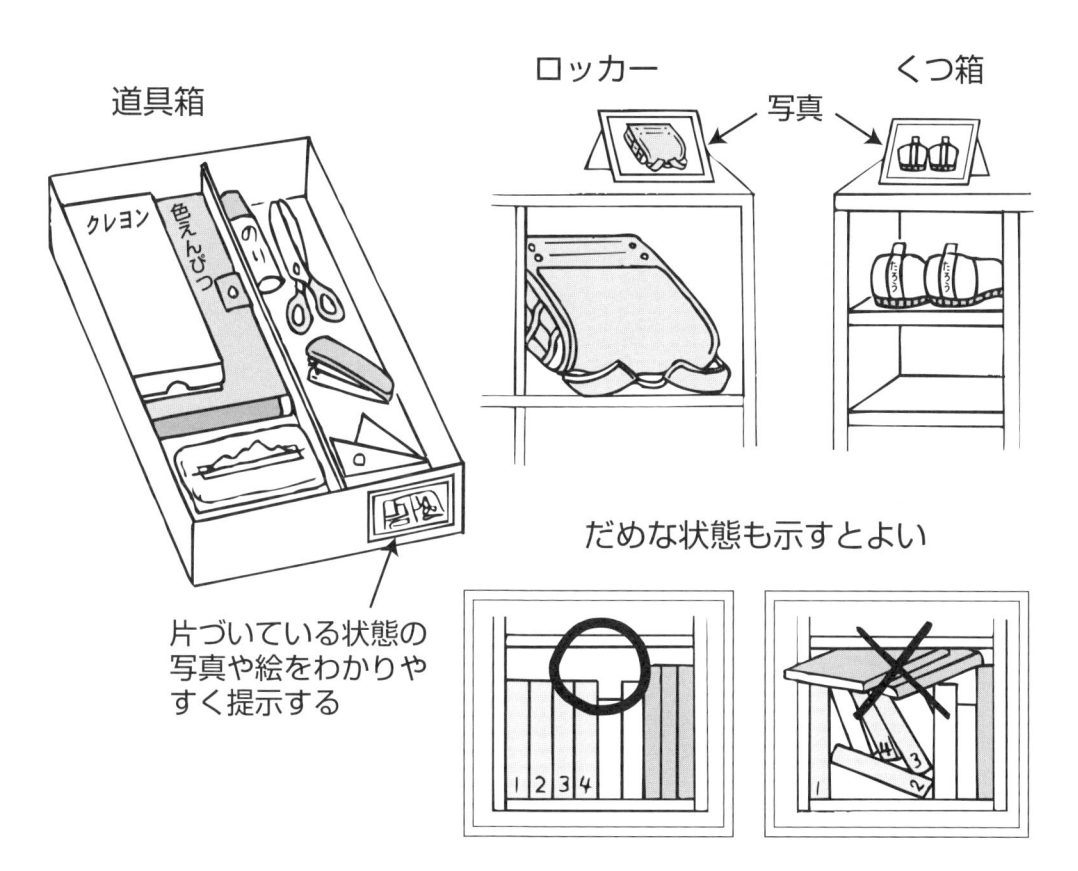

道具箱

ロッカー

くつ箱

写真

片づいている状態の写真や絵をわかりやすく提示する

だめな状態も示すとよい

- (留意点) 初めのうちは，教師が一緒に片づけをして，モデルを示します。
- (応用) 家庭でも同じように，終わりの状態を示して，自分の机や部屋の整頓などができるようにしていきます。保護者と一緒に子どもの特性をつかんで取り組みます。

第2章 ライフスキルの支援

1 集団での話し合いができない子
①話題やテーマを理解できない
②自分の考えを言葉で表現できない
③会話がうまく聞き取れない
④自己主張ばかりする
⑤人前や集団場面で緊張しやすい

2 係や当番活動ができない子
①自分の係分担が理解できない
②当番活動を面倒がる
③何をしたらよいかわからない
④集中力に欠け，やりとげられない

3 衝動性の高い子
①思いつくとすぐ行動してしまう
②状況を理解して適切な行動をとるのがむずかしい
③問題解決の手段として学んでしまっている
④相手を傷つける言葉を言ってしまう

4 コミュニケーションがとれない子
①家庭では話すのに学校では黙っている
②相手の考えや気持ちを上手に読み取れない
③会話のルールを理解できない
④自分の言いたいことだけを言う

5 人と上手にかかわれない子
①自己主張が強い
②気ばかり焦り，相手の前で緊張する
③興味が偏って共通の話題に乏しい
④社会的スキルが未熟
⑤依存性が強く，自主的な行動が少ない

6 順番・ルールが守れない子
①ルールが理解できない，覚えられない
②順番や勝ちに強くこだわる
③感情のコントロールが上手にできない
④協調性が弱い
⑤注意が続かず途中でルールがわからなくなる

7 こだわりのある子
①物の位置や順序が変えられない
②手順どおりにしないと気が済まない
③特定の人がいないと気が済まない
④大事な物が手放せない
⑤いったん思い込むと変えられない

8 視覚認知の弱い子
①地から図を取り出せない
②空間（言葉と位置）が理解できない
③目で見た情報を記憶してノートに写せない
④道を教えられても行くことがむずかしい
⑤情報を正確にとらえられない

---

1 集団での話し合いができない子
2 係や当番活動ができない子
3 衝動性の高い子
4 コミュニケーションがとれない子
5 人と上手にかかわれない子
6 順番・ルールが守れない子
7 こだわりのある子
8 視覚認知の弱い子

1 集団での話し合いができない子①
話題やテーマを理解できない

このような子に

テーマについて考えをまとめることが苦手だったり，何を話したらよいかわからずに，出来事の羅列などで済ませたりする子どもがいます。また，人の話を聞きながら内容を推測することが苦手な場合も，話題を理解することはむずかしくなります。このような子どもには，手がかりを目の前におくことで，関連する言葉やイメージを引き出しやすくします。

アイデア1 具体物を手がかりにして話す練習

一分間スピーチ
テーマ「日よう日のできごと」
① タイトルを決める
② スピーチに関係する写真や品物を持ってくる
③ それを見せながら発表する
④ 聞いていた人からの質問に答える

（先生）「テーマにそって話そう」

（女の子）タイトル「こねこ大さわぎ」
「ねこが生まれました　5匹もいて　犬はしゃぎでした」
← 具体物

（男の子）タイトル「こんなに小さかった」
「げた箱の片づけをしていたら出てきましたこんなに大きくなったんだとびっくりしました」
← 具体物

留意点 時間内に話をまとめることを意識させるためには，あらかじめ「いつ・どこ・どのように」などの要素で話をまとめる練習をしたり，「あと20秒」と残り時間を知らせたり，言葉の途中であっても1分間で打ち切らせたりします。

応用 「聞く」「推測する」力を伸ばすために，発表者から提示されたタイトルをみて，スピーチ前にどんな内容なのかを予測させます。

このような子に

話し合いの場面を理解することや，いま何を話し合わなければならないのかの見通しを立てることがむずかしい場合があります。あらかじめ話し合いの流れを見える形に示すことで，話し合いの順番や，今どの段階にあるかや，意見が分かれたらどうするかなど，話し合いの進行状況を理解しやすくします。

アイデア 2　話し合いの流れを示す表やカード

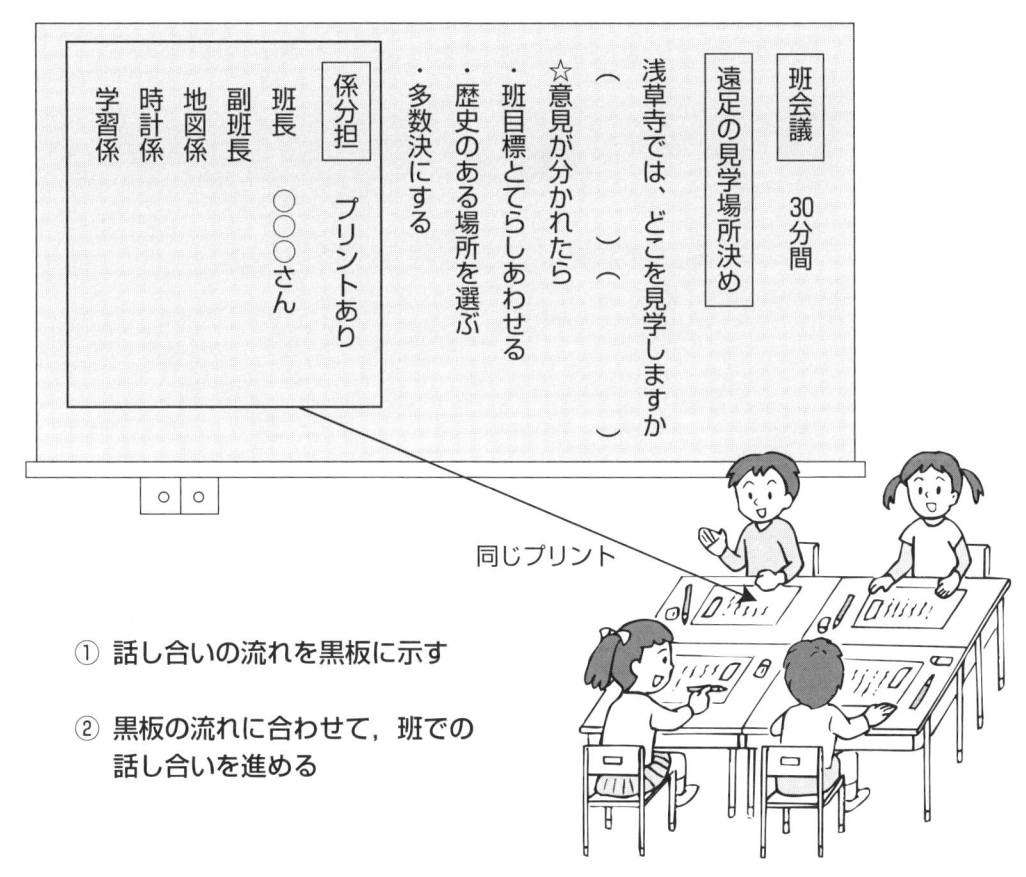

（黒板の内容）

班会議　30分間

遠足の見学場所決め

浅草寺では，どこを見学しますか

（　）（　）（　）

☆意見が分かれたら
・班目標とてらしあわせる
・歴史のある場所を選ぶ
・多数決にする

係分担　プリントあり

班長　○○○さん
副班長
地図係
時計係
学習係

同じプリント

① 話し合いの流れを黒板に示す

② 黒板の流れに合わせて，班での話し合いを進める

[留意点]　見学場所や係を決めるなど，目的や必要性がはっきりしていて，流れを把握しやすい話し合いを取り上げます。話し合いの流れは，あらかじめ提示しておくほうがわかりやすいです。

[応用]　すべての班での話し合いに応用できます。

1 集団での話し合いができない子②
自分の考えを言葉で表現できない

このような子に

集団の中では緊張が強いため，何を言っていいかわからなかったり，言葉での意思表示がむずかしい子がいます。吃音の傾向がある場合は，すぐに声に出して応じられないこともあります。声に出すことや，きちんと話すことを求めすぎないようにして，身振り手振りやゼスチャーで相手に自分の意思を伝えるようにさせます。

アイデア1　身振り手振りで意思表示

【ハンドサインで意思表示】

Aさんの意見につけ足しはありますか？

ありません

まってください／聞こえません／混乱しています／もう一度言ってください

【Yes, Noから練習する】

20のとびらクイズ　こたえ

×いいえ　○はい

それはかたいですか？　食べられるものですか？

Yes, Noで答える20の質問をして答えをあてる

留意点　身振りだけでなく，少しずつ音声を伴うようにさせていきます。
応用　低学年なら，全員に○×カードを持たせて意思表示をさせてもいいでしょう。「20の扉クイズ」も楽しく取り組めます。

このような子に

質問に対して適した言葉をすぐに選べなかったり，考えを文にまとめるのに時間がかかったりする場合があります。考えをまとめたり，思いを整理したりするための時間や機会を得る言葉を教えると，必要に応じて時間を取れるので，話し合いに参加しやすくなります。

アイデア2　時間をもらうための言葉

黒板のすみに「べんりなことば」を掲示して，困ったときに言葉にして言わせる

- **留意点**　「うまく話せなくて」つらい子どもに，「うまく話せないときは」というアドバイスは，よけいに話せなくなります。「このキーワードを使うと便利だよ」と安心感を与えて，前向きに取り組ませます。
- **応用**　専科の教師にも共通理解をしてもらいます。

1 集団での話し合いができない子③
会話がうまく聞き取れない

このような子に

話し手に上手に注目できない子どもは，話し手の移り変わりを追うことができずに，「ぼく」「きみ」のような語がだれのことをさすのか特定したり，話の展開を追ったりするのがむずかしい場合があります。「話し手カード」で，いまだれが話しているのかを見てわかるようにすることで，場面を理解したり話の展開を把握したりしやすくなります。

アイデア 1　「話し手カード」で聞き取る練習

① 「話し手カード」を使った会話を聞く

1 A君：「君が来ると思ってずっと家で待ってたんだ」
話し終えたらB君へカードを渡す

2 B君：「君はそう言うけどぼくだって公園で君をずっと待ってたんだ」
話し終えたらA君へカードを渡す

3 A君：「あーあ　君に貸すCDがあったのに」
話し終えたらB君へカードを渡す

4 B君：「えっ？あれ，くれるんじゃなかったの？」

② 会話の内容についての質問に答える
(1) 家で待っていた人はだれですか？
(2) 公園で待っていた人はだれですか？
(3) CDはだれのですか？

（家で待っていたのはだれですか？）

〔留意点〕　日常生活でも「相手に話しかけるときははじめに名前を呼ぶ」「全体に話すときは『みなさん』と呼びかける」などのルールを学級で決めておきます。

〔応用〕　「行く」「来る」「あげる」「もらう」など，一人称と二人称の関係や，言葉の使用に混乱がある場合も，「話し手カード」を活用して練習します。

このような子に

会話文で多用される単語の省略や代名詞を理解しにくい子どもの場合，集団での話し合いでは，しゃべる速度に合わせて内容を補いながら聞き取ることがむずかしい場合があります。箇条書きなどで話のポイントを板書したり，話の要点がわかるようなプリントを配布することで，場面を理解したり話の展開を把握したりしやすくなります。

アイデア 2　話のポイントを箇条書きする

板書例：

休み時間のすごし方

① ボールを使えるはん
- 月よう　　1はん
- 火
- 水
- 木
- 金

② ボール以外のあそび

先生：「どうしたらいいのかな？」

女の子：「いつもボールを使う人が決まっているので困ってます」

男の子（つぶやき）：「今はボールを使う順序を決めてるんだな」

メモをとらせたり，穴うめ式のプリントに書かせたりしてもよい

- えんそく
- きめること
- いつ
- どこで
- どんなふうに
- 用意するもの

[留意点] 箇条書きにすることで，クラスの子どもたちも共通理解できます。

[応用] クラスのさまざまな話し合いの場面で活用できます。

1 集団での話し合いができない子④
自己主張ばかりする

このような子に

人と共感することや，人の気持ちを推測することが困難なために，相手の立場になって考えることが苦手な場合があります。また，自分の考えに強く固執したり，相手の意見に従うことが負けになると感じたりする場合もあります。考え方や立場によって意見が異なることを，相手の言いなりになるゲームで受け入れる練習をします。

アイデア1 王様の言うとおりゲーム

①1人3〜4枚の身近な物をかいたカードを作る

トランプくらいの大きさカード
市販の写真カードを使ってもよい

②4〜5人組になり，王様になった人がテーマを決める

「テーマは野菜です」

③王様のテーマに合うと思うカードを順番にとる

「トマトジュースはどうかな」
「えーもうないよー」

順番にすべてのカードをひく

④王様がテーマに合っているか判定する

「トマトジュースとスイカとワカメも野菜にします」

認められたカードの多い人が勝ち

[留意点] 悔しさなどが自己主張の背景にある場合は，いったんはその思いに共感し，主張の内容でよいところを取り上げて評価してあげます。そして「王様ゲーム」を通して，自己主張がいかに相手を強制していることか気づかせます。

[応用] 「今日は○○さんの誕生日」など，相手の立場に立ってゆずる練習をします。

このような子に

人に共感したり，人の気持ちを推測したりすることが困難で，相手の立場になって考えることが苦手な場合があります。また，自分の考えに強く固執したり，相手の意見に従うことが負けになると感じて譲らなかったりする場合もあります。このような子どもには，同じ文でも受け取り方の違いがあることを教えていきます。

アイデア 2　絵でわかる，他者と自分の考えの違い

①文を聞いて1人1人が絵を描く

・質問はなし
・互いの絵は見ない

「リンゴとサクランボが皿の上にのっています」

文例：リンゴとサクランボがお皿の上にのっている

作品例

文例：木の上の方に2羽の小鳥がいる

作品例

②できた絵を見せあう

「どれも正解だね」

[留意点] お互いに違った長所が出やすいように，絵を描く間に個別に指導しておきます。

[応用] 写真の模写をして，それぞれよいところを認め合います。4，5名のグループで少しむずかしい題材を選ぶと相違点が出やすくなります。その後，他の人の長所を取り入れながら自分の作品を手直しします。自分の絵の短所を「両足の長さがそろわない」など言語化しておくと，気づいたことが身につきやすいです。

1 集団での話し合いができない子⑤
人前や集団場面で緊張しやすい

このような子に

失敗経験が多くて話し合いへの苦手意識が強くなっていたり，1回の失敗でもいやな印象が強く残ってしまったりする子がいます。また，大きな集団場面では，教室にいること自体をつらく感じてしまったり，緊張が強くなってしまう場合もあります。教室内の座席の工夫や，授業への参加の仕方について配慮することで活動させていきます。

アイデア① 安心感をもてるように座席を少し離す

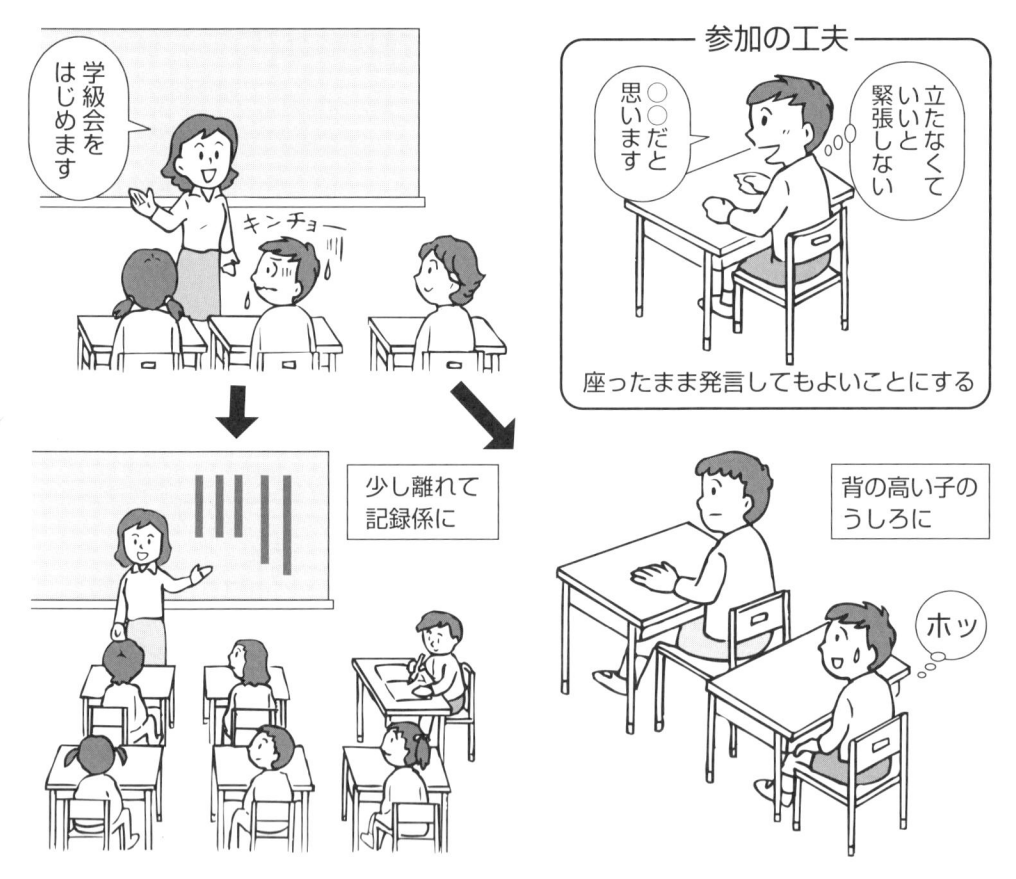

（図：学級会をはじめます／キンチョー／少し離れて記録係に／参加の工夫／立たなくていいと緊張しない／○○だと思います／座ったまま発言してもよいことにする／背の高い子のうしろに／ホッ）

- [留意点] 事前に「できそうだったら全体の中に戻ってくる」ように声をかけておく。ただし，子どもが自分から全体の中に戻ってくることがあっても，その場であまり大げさにほめたりしない。
- [応用] 話し合いの記録係をするなどで，間接的な活動にし，参加の緊張をやわらげる。

このような子に

みんなの前では緊張しやすく，なかなか意見が言えなかったり，せっかく意見を言っても「どうして？」「なんだかわからない」と言われたりして，ますます口を閉ざしてしまったりする子どもがいます。安心できる雰囲気をつくり，肯定的な話し合いができるようにします。自尊感情の低下や不適応，登校渋りなどの予防として効果があります。

アイデア2 グループの代表がその子の意見を伝える

①班で話し合う

②班長がまとめて発表する

話し合いのルール

- 友だちの話は最後まで聞く
- 人がいやな気持ちになることを言わない
- いい意見には「いいね」と言ったり，拍手をする
- ×「○○してはいけない」
  ○「○○したほうがいい」

[留意点] 選択肢を出して選ばせたり，きちんと同意を求めることが大切です。

[応用] いろいろな活動や学習で，協力したりお互いの長所を生かし合ったりする取り組みをします。他の人が努力していることに気づくことを奨励して，その日の終わりの会で，他の人の努力したことを発表させます。

2 係や当番活動ができない子①
自分の係分担が理解できない

このような子に
係の仕事が自分に分担されているという意識が弱いために，役割を果たせない子どもがいます。担当する仕事の手順を1枚ずつカードに書いて提示し，それを見ながら子どもが活動できるようにすると効果的です。

アイデア① 係カードでチェック

①担当する仕事をカードにして掲示する

画びょう
ひも
金魚のしいく係
1 朝、えさをやる
2 水よう日は水をとりかえる
3 帰りに記ろくノートにかく

仕事の順に，カードに番号をふる

②仕事を終えるごとにカードを裏返す

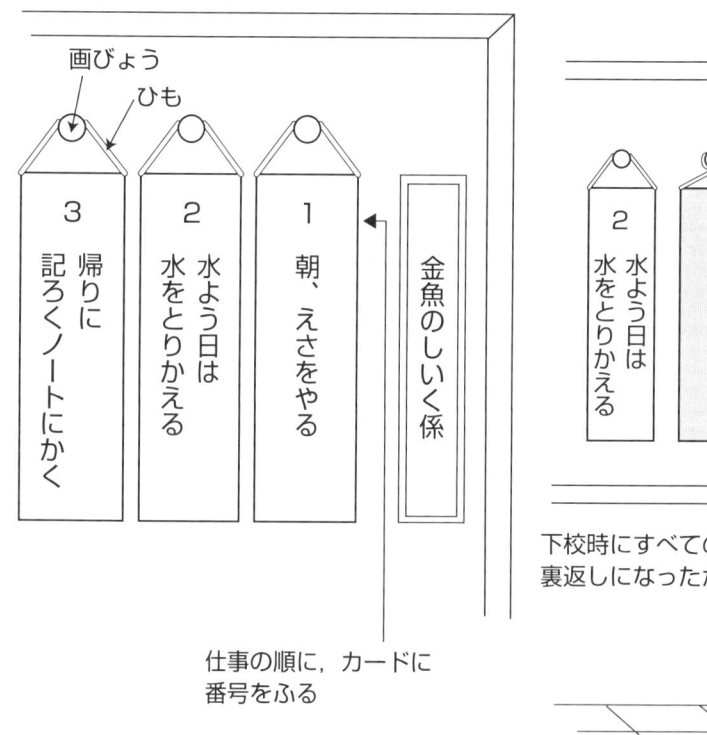

2 水よう日は水をとりかえる

「えさをやったわ！」

下校時にすべてのカードが裏返しになったか確認する

留意点 一つの仕事を終えるたびに係カードを裏返し，一つ一つの仕事を意識させます。下校前に，係カードがすべて裏返しになったかどうかを子どもにチェックさせます。係の仕事がすべてできたかどうか，教師と一緒に振り返ります。

応用 できるようになってきたら，自分だけの小さなカードに移行させます。

このような子に

自分が分担された係の仕事を意識できないため、責任をもって係活動を行うことができない子どもがいます。学級全体で係の仕事に責任をもって取り組めるよう、仕事内容を声に出して言わせたり、リストでチェックさせたりして、自覚を促していくと効果的です。

アイデア2 朝の会と帰りの会でチェック

①朝の会で、係ごとにその日の仕事を発表する

「音楽係はみんなを音楽室へつれていきます」

③帰りの会で、係ごとに反省する

「チェック表の仕事は全部やったわよ」
「移動のときうるさくなかった？」

②各係はチェック表を見ながらその日の仕事をする

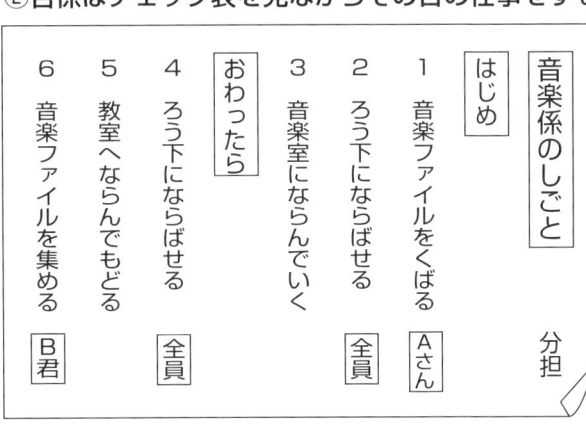

```
音楽係のしごと
     分担
はじめ
1 音楽ファイルをくばる    Aさん
2 ろう下にならばせる      全員
3 音楽室にならんでいく    全員
おわったら
4 ろう下にならばせる
5 教室へならんでもどる    全員
6 音楽ファイルを集める    B君
```

[留意点] 一人の子どもの問題とせず、お互いに注意し合い、みんなで協力していくという意識をもたせます。

[応用] 子どもの実態に合わせ、毎日から1週間ごとというようにサイクルを延ばしていきます。

2 係や当番活動ができない子②
当番活動を面倒がる

このような子に
当番活動の大切さが理解できず，面倒がってやらない子どもがいます。そのような子どもの場合，低学年では，音楽を取り入れ，リズムにのって楽しく当番活動に取り組めるようにします。

アイデア1 音楽を取り入れ楽しく掃除

①そうじの歌をつくる

おそうじの歌

おかたづけ
おかたづけ
さあみんなで
おかたづけ

リズミカルで楽しい歌をかえ歌にする

②音楽にのってそうじする

おかたづけ♪
おかたづけ♪

[留意点] 始まりの音楽と終わりの音楽は別に用意します。掃除の歌は，簡単で口ずさみやすく，みんなの好きな曲を選び，掃除の手順を歌詞に織り込んで替え歌にするとよいです。歌を録音して，エンドレスで流します。

[応用] 給食の準備・配膳・片づけなども，音楽の合図とともに活動を開始したり終えたりするよう習慣化します。

このような子に

当番活動に意味を感じることができないため，面倒がってやらない子どもがいます。高学年では，当番の内容や分担などについて，学級全員で話し合ってきちんとしたルールづくりをすることが大切です。表や図があることで，自分は何をしたらよいのか明確になります。

アイデア2 公平な分担を話し合って図にする

全員が公平に仕事を分担するにはどうしたらよいか話し合い，
表や図にして教室に掲示する。

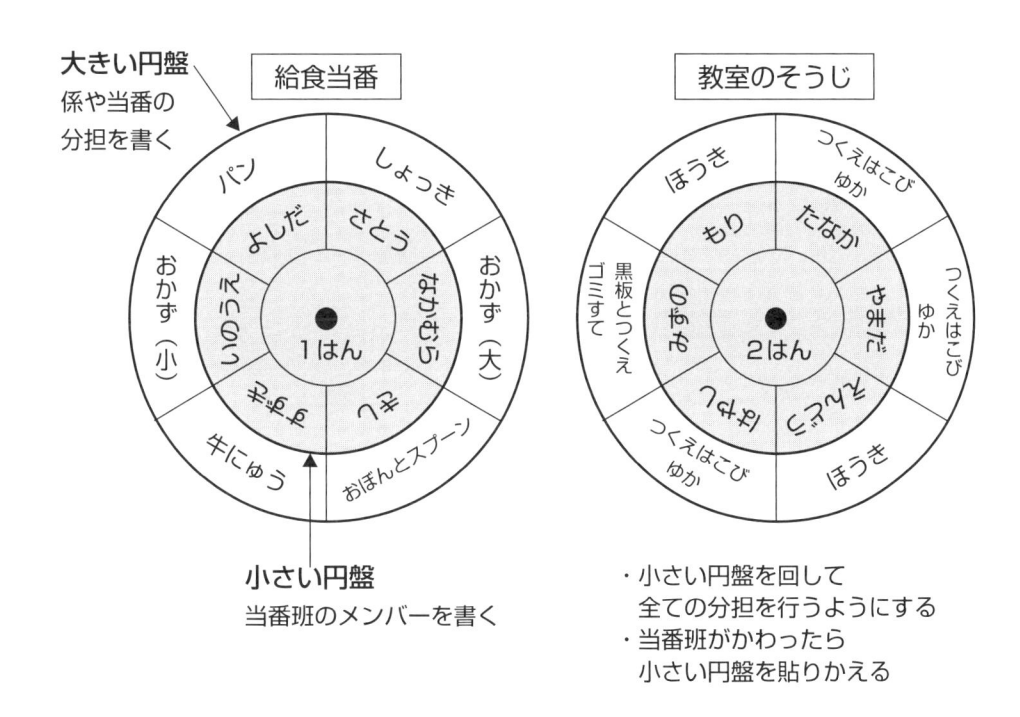

大きい円盤
係や当番の分担を書く

給食当番：パン／しょっき／おかず（大）／おつゆ／おぼんとスプーン／牛にゅう／おかず（小）
1はん：よしだ／さとう／なかむら／〜

教室のそうじ：ほうき／つくえはこび ゆか／つくえはこび ゆか／ほうき／つくえはこび ゆか／はきだし／黒板とつくえ／ゴミすて
2はん：もり／たなか／やまだ／〜

小さい円盤
当番班のメンバーを書く

・小さい円盤を回して
　全ての分担を行うようにする
・当番班がかわったら
　小さい円盤を貼りかえる

留意点 きちんと行えたかどうかの判断も公正に行われるよう留意します。罰は与えず，がんばった子どもに賞が与えられるように配慮します。

応用 子どもの実態に合わせ，教師の介入を減らしていき，自分たち自身で当番活動の進め方やルールづくりができるように援助していきます。

2 係や当番活動ができない子③
何をしたらよいかわからない

このような子に

自分からすすんで仕事を見つけたり，考えて仕事をすることが苦手なために，当番活動で何をしたらよいかわからない子どもがいます。毎回「そうじ当番日誌」に記入して，仕事内容を振り返ることによって，決められた仕事の内容を理解し，自発的に活動できるようになります。また，きちんと掃除した図を示すことも効果的です。

アイデア① 自分の仕事ができたか，絵を見て確認する

①そうじが終わったら班で反省会をする

```
          そうじ当番日誌
   (  )月(  )日(  )曜日 (  )班
   そうじ場所(    ) 班長(    )

    始めた時刻  (  )時(  )分
    終わった時刻 (  )時(  )分

  (  ) すみずみまできれいにできたか
  (  ) そうじ用具はきちんと片づけたか
  (  ) みんなで協力できたか
  (  ) 水がこぼれているところはないか
  (  ) 窓やドアのしめ忘れはないか

           担当の先生のサイン(    )
```

②教室に掲示された絵を見ながら，できなかった項目をやり直す

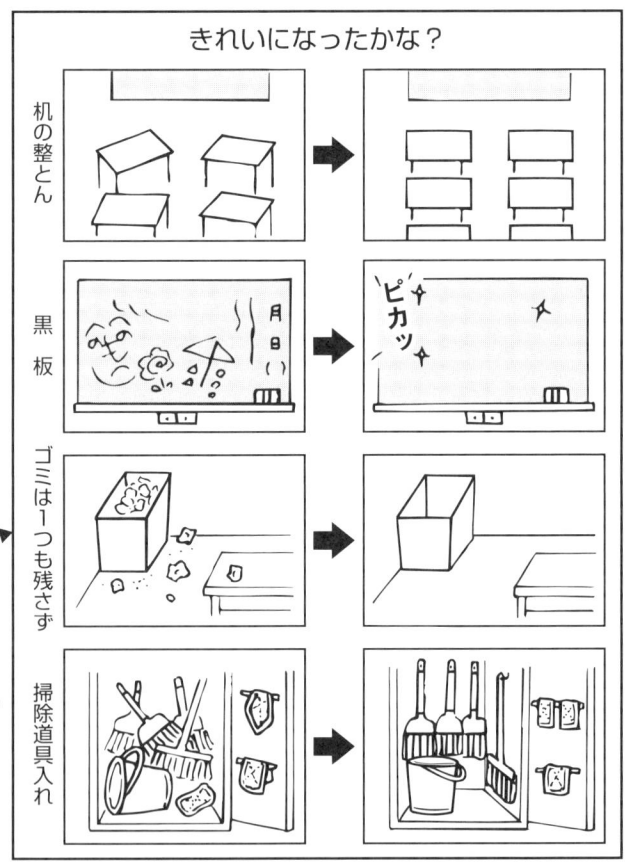

「ゴミがまだある」

きれいになったかな？

- 机の整とん
- 黒板
- ゴミは1つも残さず
- 掃除道具入れ

[留意点] 特に何をしてよいかわからない子には，じっくりと絵と実際を比較させ，考えさせます。評価項目は月ごとに見直し，できていない項目を次の重点課題にします。

[応用] 高学年の子どもでは，自分たち自身でどこができていないかを考えさせ，次の月の評価項目を設定し直す作業をさせるとよいでしょう。

このような子に

高学年でも，日々の委員会活動で何をしたらよいのか，仕事内容がつかめない子どもがいます。そのような子どもの場合，するべきことをマニュアル化してカードにすることによって，自分の仕事を確実に行うことができるようになります。

アイデア② 委員会の仕事カード

①毎日の委員会の仕事を担当の先生とカードにする

保健委員の仕事

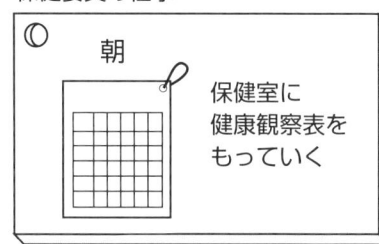

- 朝：保健室に健康観察表をもっていく
- 中休み：手洗い場の石けんを点検する
- 昼休み：月曜日と水曜日は保健室当番に行く

②自分でカードを見直しながら委員会の仕事をする

「中休みの仕事は石けんの点検だ」

・カードはとじて机の横にかけるとよい
・保健委員の場合は保健室にも仕事と手順を書いた紙を貼っておく

[留意点] 自分の仕事を振り返り，点検できるように，カードを身近に置いておきます。仕事の内容は月ごとに見直しするよう，委員会担当の教師に協力を依頼します。

[応用] カードを小型化し，プラスチックケースなどに入れておくと，身近に携帯することができます。

2 係や当番活動ができない子④
集中力に欠け，やりとげられない

このような子に

自分が何をしたらよいかわからなかったり，注意がそれてしまって，係や当番の活動に集中して取り組めない子どもがいます。そのような子どもの場合，仕事の内容をスモールステップに分け，具体的な手順を提示することによって，当番活動に集中できるようになります。

アイデア 1 「何をどうするか」をひと目でつかむ工夫

①手順を表にして貼る

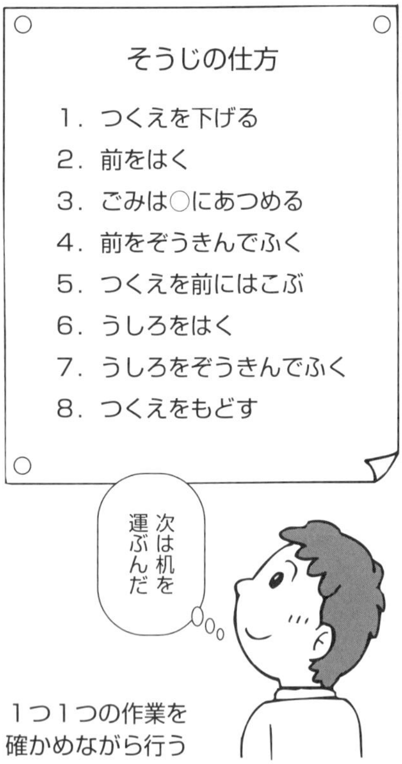

そうじの仕方
1. つくえを下げる
2. 前をはく
3. ごみは○にあつめる
4. 前をぞうきんでふく
5. つくえを前にはこぶ
6. うしろをはく
7. うしろをぞうきんでふく
8. つくえをもどす

「次は机を運ぶんだ」

1つ1つの作業を確かめながら行う

②ポイントとなる位置にビニルテープをはる

机を置く場所

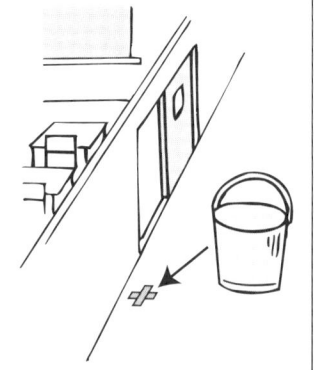

バケツを置く場所

ゴミを集める場所

[留意点] 一つ一つの作業を図表や目印で確かめながら行うようにします。やりとげたことを評価し，「きれいになると気持ちいいね」と伝えます。

[応用] どうしてもほうきで掃くことに注意が向けられない子どもには，広告などのカラフルな紙片を細かに切ったものを床にまいておき，その紙片を集め，印をした円の中に掃きためていくような練習をするのもよいでしょう。

このような子に

注意がそれてしまい，係や当番の活動に集中して取り組めなかったり，手順がわからないために，ほかの子のやっていることに興味が移ってしまう子どもがいます。その子どもの興味のあることを係活動に取り入れ，手順を示して，仕事を最後までやりとげさせることが効果的です。

アイデア 2　自分の得意な係活動を見つける

①事前に一人一人の興味関心を把握する

> やってみたい係アンケート
> 学級をよくするために
> あなたのやってみたい係は
>
> 　　　　　　　　係

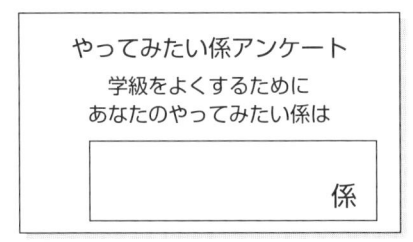

②自分がやりたい係を出し合って係を決める

「わたしは掲示係をやりたいです」

（黒板：生き物係・新聞係・イラスト係）

教師が興味を係に結びつける助言をする

③それぞれの係の仕事にとりくむ

「まっすぐはるわ」「きれいに」「すごいね　まっすぐだ」

けいじ係のしごと
1. はるものを先生からうけとる
2. かべにがびょうではる
3. 終わったら先生にほうこくする

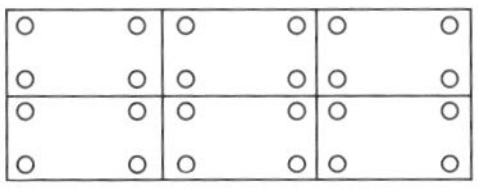

やりとげられない子には，仕事の手順を書いたプリントを渡す

[留意点] 興味関心を係活動が結びつけられない子どもに，ヒントを与えて選ばせます。グループ活動が苦手な子には，無理せず一人の係でもよいことにします。好きなことでも，「水槽の水替え」などは教師がついて放課後に一緒に行います。

[応用] 高学年になるにつれ，活動が広がるように介入して，子どもの気づきを促します。

3 衝動性の高い子①
思いつくとすぐ行動してしまう

このような子に
自分で自分の行動を抑制する力が弱い子どもには，適切に行動できたときのことを自覚させ，よい行動をほめることで，その行動を強化します。しかし，失敗経験の多い子は，よい行動があっても，自分自身では気づきにくくなっています。「今日はこれだけがんばったよ」と目に見える形で評価し，継続して自分のよさを振り返るようにします。

アイデア① 振り返りカードでポイントゲット！

① 振り返る行動を決める

今週のもくひょう
じゅぎょう中は
だまって手をあげます
なまえ　○○○○○

② できたごとに丸を1つつける。
10ポイントたまるとシールがもらえる。

ふりかえりカード（　）月（　）日

	もくひょう だまって手をあげよう！		ポイント
1	国　語	○○○○	4
2	算　数	○	1
3	体　育	○○	2
4	図　工		0
5	図　工	○	1
ひとこと	たいへんよくできました	合計	8

③ 帰りの会で評価する

「たくさん守れたね」
「先生みてー」

留意点 最初は自分のよい点に目を向けさせます。その後，話し合って少し高い目標を設定し，最後は自分で目標設定ができるようにします。

応用 清掃や休憩時間の目標を設定し，振り返ることで，自分の行動をコントロールさせます。家庭の生活習慣の行動修正にも応用できるので保護者と担任で共通の目標を設定します。

このような子に

雑然とした教室の中で教師からの指示が伝わらずに，思いつくとすぐに行動してしまったり，指名されないのに自分の言いたいことを言ってしまったりする子がいます。ハンドサインを使うと，言葉を使わなくても教師の指示がわかり，他の刺激に反応することを減らすことができます。

アイデア2 指示を伝えるハンドサイン

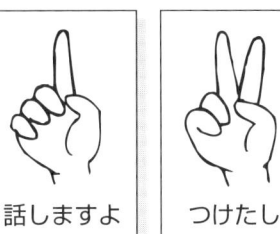

<はじめにとり入れるサイン>
- 話しますよ
- つけたし
- 同じです

<慣れてきたらとり入れるサイン>
- 待って
- 静かに
- いいですよ

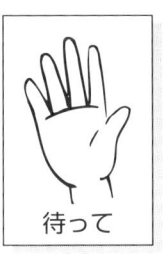

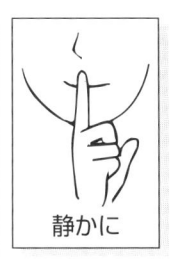

先生の指示をハンドサインで伝える

[留意点] 低学年では言葉による表現を豊かにしていく必要があるので，ハンドサインは教師が指示を伝える場合に使用します。「言葉がなくても通じ合える」という実感を大切にします。

[応用] 子どもたちでいろいろなサインを工夫させます。学年集団や全校集会の指示も工夫できます（グー→座る　パー→立つ　チョキ→2列に並ぶ　など）。

３ 衝動性の高い子②
状況を理解して適切な行動をとる

このような子に

気持ちを上手に伝えられなかったり，相手の気持ちを理解しにくかったりすると，ささいなことでケンカになってしまいます。図示しながら言動を振り返り，どこが通じていないのか，どこでどのように修正すればケンカにならなかったかを考えます。直後には謝れなかった子も，修正すべきところがわかれば素直に謝ることができるでしょう。

アイデア① 図で示す「ビデオ巻き戻しタイム」

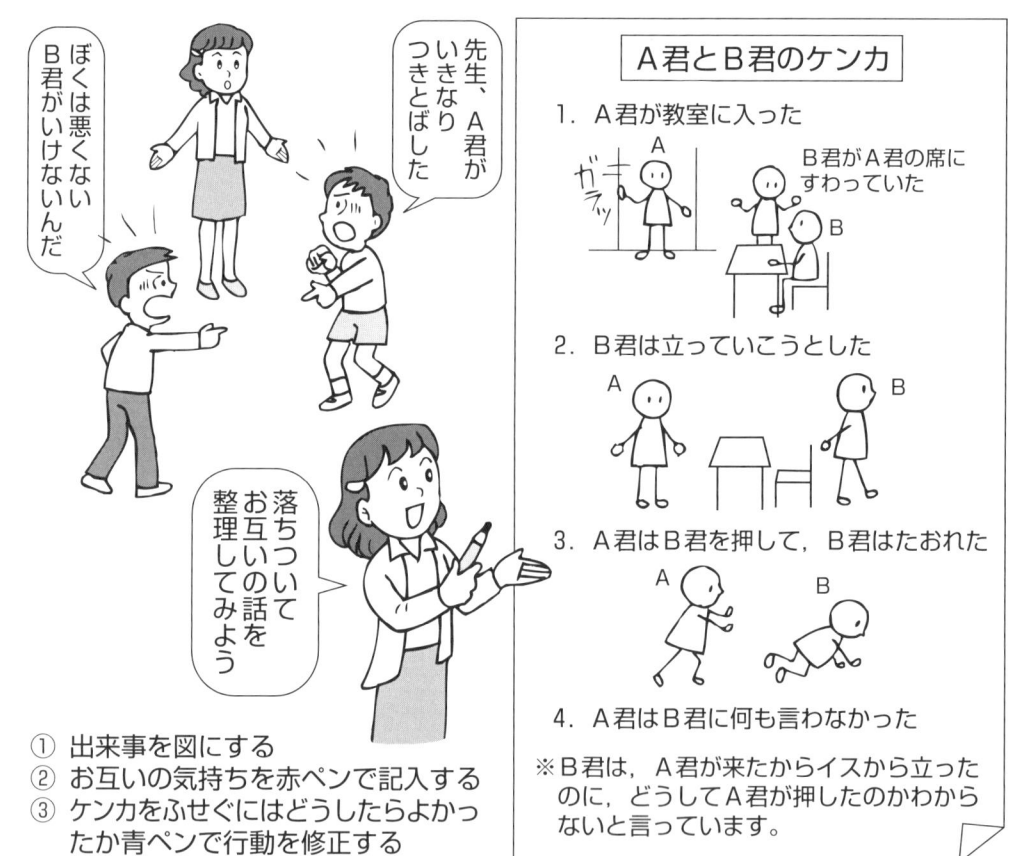

（吹き出し）
- ぼくは悪くないB君がいけないんだ
- 先生、A君がいきなりつきとばした
- 落ちついてお互いの話を整理してみよう

① 出来事を図にする
② お互いの気持ちを赤ペンで記入する
③ ケンカをふせぐにはどうしたらよかったか青ペンで行動を修正する

［A君とB君のケンカ］

1. A君が教室に入った
   B君がA君の席にすわっていた
2. B君は立っていこうとした
3. A君はB君を押して，B君はたおれた
4. A君はB君に何も言わなかった

※B君は，A君が来たからイスから立ったのに，どうしてA君が押したのかわからないと言っています。

留意点 時間的な経過が曖昧な場合は，けんかが起きた場所に行って説明を聞きます。低学年の場合は教師が言葉で復唱して確認してあげます。

応用 時間的経過が思い出しにくいときは，ロールプレイで状況を振り返ります。

のがむずかしい

このような子に
自分のやりたいことができないと，イライラして目がつり上がったり，眉間にしわをよせたりする子がいます。状況を見て感情をコントロールできず，表情に表れるのですが，自分がどのような表情をしているかはわかっていません。「こんな表情だよ！変えようね！」と示すと，「はっ」と気づき，表情が変わることがあります。

アイデア2　チャンネルを切りかえよう！

① 表情による気持ちの違いを体験する

② 子どもがイライラしている時に，チャンネルを切りかえる絵カードを見せる

[留意点] 表情がどのような気持ちを表すのかを，日ごろから教師が表情で伝えることも重要です。表情に注目をすれば相手の気持ちがつかめることや，反対に表情で相手に気持ちを伝えることができることを学ばせます。

[応用] パントマイムであてるゲームをします。気持ちを切り替えるおまじないとして，「電車に乗る」「お花が好き」などその子が好きな言葉を決めておきます。

3 衝動性の高い子③
問題解決の手段として学んでしま

このような子に

教師の指示にうまく従えなかったり，友達と上手にかかわれなかったりすると，目立つ行動をとって注目を集めようとする子どもがいます。また注意されることを楽しんでいる場合もあります。伝えたいことだけを「壊れたレコード」のように単調な声と低いトーンで短く繰り返し，子どもの言動に反応しないで制止させます。

アイデア① 注意は静かなブロークンレコードで

×悪い例（お互いにエスカレートする）　　○良い例（興奮しない，興奮させない）

1　「席に着きなさい！」

2　「席に着きなさいと言っているんですい」

3　「注意しているのになぜ！」

4　「どうしてわからないの！だめでしょう！」／「へーだ　うるせぇ」

1

2　「みんな席についてますよ」（小さく低い声で）

3　「はい　おしまい」（ゆっくり言う）

4　「やめられたね　よくできました」

[留意点] 「いつもだめね」「またなの」「だから言っているでしょ」などの否定的な言葉を使わずに注意します。特に注意ばかりされてきた子は，冷静な対応だけで反応が変わることがあります。ほめるときも冷静に伝えます。

[応用] 教師の対応をみて，ほかの子どもも自然と対応方法を学んでいきます。

っている

このような子に
苦手な学習にイライラしてノートに落書きしたり,破ったり,立ちあがったりする子がいます。悪いとわかっていても,感情をコントロールできずに行動してしまいます。イライラしだしたときにはよけいに興奮させないよう,教師は視線を向けないでその行動を無視します。すると,時間がたつと自分の中でクールダウンをしていきます。

アイデア2　計画的な無視でクールダウン

意識だけを向け,視線や体の向きは子どもからはずす

やめたら

やめられたね　えらいね

[留意点] クールダウンのために,刺激の少ない狭い場所(教室のすみ)に行ってよいことを伝えておきます。

[応用] クラスの子どもたちにも,その子の行動がいやなときは「やめてください」とだけ伝え,その場を静かに離れるようにするとよいことを教えます。

3 衝動性の高い子④
相手を傷つける言葉を言ってしまう

このような子に

日常的なケンカの発端は言葉の暴力（暴言）から始まることが多いようです。衝動性の高い子は意識をせずにイガイガ言葉（暴言）を使ってしまいます。口を押さえている絵を示すことで，イガイガ言葉に気づかせ，どのような言葉なら相手に自分の気持ちが伝わるかを考えさせていきます。

アイデア1 ルンルン言葉で話そう！

① ルンルン言葉とイガイガ言葉を出し合う ―4月―

学級目標
「おたがいをみとめあうクラス」

ルンルンことば
おはよう　遊ぼう
ありがとう　すごいね
どんまい　うれしい

イガイガことば
うるさい　うざい
あっちいけ　チビ

ルンルン言葉は貼っておきます
言われてうれしいことばがたくさんあふれるクラスをめざしましょう

② イガイガ言葉が出たら，どんな言葉なら相手に気持ちが伝わるか考える

おたがいをみとめ合うクラス
ルンルンことば
イガイガ言葉

○○くん！

なんだよ！おまえうざいんだよ

ほんとうはどんな気持ちを伝えたかったのかな？

ぼくのことをばかにしたと思って腹が立ったんだ

留意点 イガイガ言葉は話し合うときにだけ出し合って，その後は表示しないようにします。口を押さえている絵を提示するだけで気づかせます。

応用 ルンルン言葉は常用掲示物にしておき，定期的に「気分がよくなる言葉」について話し合い，ルンルン言葉が増えていくようにします。教師から「こんなルンルン言葉を言ってもらったよ！」と提示してあげます。

このような子に

衝動的に暴言をはいてしまう子がいます。これまでの生活の中で暴力的な言葉を浴びてきた子も多いようです。このような暴言が激しいときには注意してやめさせるのではなく，正しい言葉の使い方を示し，できたときにほめることが大切です。目に見える評価としてブルーカード，イエローカード（レッドカードは特にひどいときに）を使います。

アイデア 2 ルンルン言葉でブルーカードを増やそう！

言われてうれしい言葉には **ブルーカード** を渡す

- ごめんね
- かして
- ありがとう
- どんまい

○

ブルーカード **5枚** たまったら好きなシールとこうかんできる

言われていやな言葉には **イエローカード** を渡す

- あっちいけ
- ちび
- バカ
- アホ

×

明確に相手を傷つける言葉には **レッドカード** を渡す

ただし，ふだんはできるだけ使わない

レッドカードが多くなったら子どもがストレスを抱えているかもしれないので，ていねいに話を聞きます。

[留意点] がんばろうという子どもの気持ちを大切にするために，最初はできるだけブルーカードを渡せる機会を見つけます。その後にイエローカードを使うようにします。

[応用] 左頁の「ルンルン言葉で話そう」の評価方法として使用できます。またカードは言葉の評価だけでなく，行動面での評価としても利用できます。

4 コミュニケーションがとれない子①
家庭では話すのに学校では黙って

このような子に
家庭では話すのに、学校のような集団の場面では、特に緊張が高まってしまい、話せなくなる子どもがいます。また、話さないことによって心理的な安定をはかっている場合もあります。無理に話させようとはせず、担任教師との十分な信頼関係を築きながら、安心できる学級環境をつくることで改善をはかります。

アイデア① 安心感の得られる学級づくり

話さなくても、楽しい学校生活を送れているかチェックしよう

場面 \ 子どもの様子と評価の観点	言葉の表出			感情表現			活動			メモ
	言葉の表出がある	口を少し動かそうとする	表出がない	表情が生き生きとしている	ふだんと変わらない	表情が暗い	みんなと同じ活動をする	一部活動をする	何もしない	
朝のあいさつ		○			○		○			
授業時間	○				○		○			音読のとき読む声が聞こえた
遊び時間		○			○			○		
給食時間		○				○	○			苦手な野菜が出た
掃除時間		○			○		○			
帰りのあいさつ		○		○			○			友達の発言におかしそうににっこり笑う

＊上記のようなチェック表をもとに、教師が子どもの状態を記録していきます。言葉が出ることよりも学校生活を楽しく生き生きと送っているかどうかを観察し、教師や学級の関わり方を見直していきます。

[留意点] 特別なかかわりや特別扱いをしないで、他の子どもと同じように接し、言葉かけに対する返事や反応を強要したり期待したりしないようにします。学級の他の子どもに対しても、過剰な注目をしないように指導します。

[応用] 可能であれば、日記や作文、家庭学習などで交流を図ります。

いる

このような子に

学級で話ができないわけではないのに，意思表示することをためらってしまって，言葉の出ない子どもがいます。無理に言わせようとせずに，授業やクラスの活動に参加していることを感じさせるため，「はい」「いいえ」のカードを提示して，指さしで自己表現させていくことで，安心して授業に参加させていきます。

アイデア 2　はい，いいえカード

カードを見せる

せっかくのカードも先生が近くまで行かないと意味がない

[留意点] いままで経験したことと合わせて，「はい・いいえ」の意思表示をさせます。イメージしにくい質問や抽象的な質問には使用しないようにします。

[応用] カードの単語の数を増やして，コミュニケーションの手段として活用します。

4 コミュニケーションがとれない子②
相手の考えや気持ちを上手に読み

このような子に
言葉や表情などの変化する情報がうまく処理できないと，相手の表情を読み取れなかったり，何を言われているのかが理解できなかったりします。表情を絵や写真のカードにすると，情報が静的なものになり，理解しやすくなります。カードを使って表情や状況などを読み取る訓練をしながら，実際の生活場面にも応用できるようにしていきます。

アイデア 1 表情カード

［表情が表す気持ちを読み取る］

①情報量の少ない線画で，感情を読み取る

②情報量の多い写真と線画をマッチングさせる

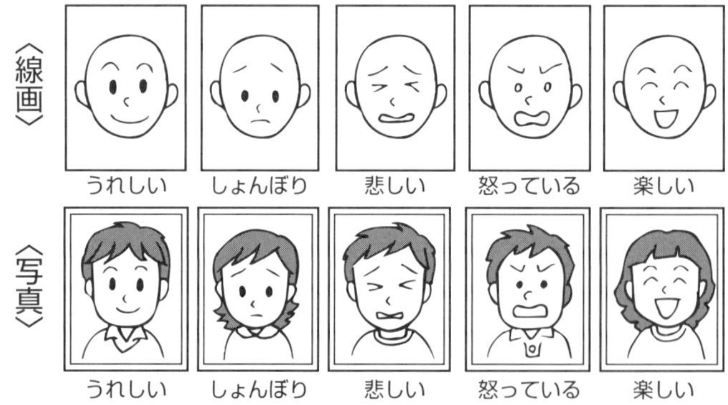

〈線画〉 うれしい／しょんぼり／悲しい／怒っている／楽しい

〈写真〉 うれしい／しょんぼり／悲しい／怒っている／楽しい

［さまざまな状況を理解する］

表情に注目させて，どんな状況か考えさせる

言い争い

体調の悪い子がいる

（留意点）子どもの実態に合ったカードを用います。はじめは，なるべく情報の少ない線画のようなものにし，慣れてきたら背景のある絵や写真にしていきます。

（応用）複数の人がかかわっている状況の絵カードや写真を用意し，どのような状況であるかを尋ねたり，顔の表情などに着目させて教えたりします。

取れない

このような子に

周囲の出来事に関心を向けることや，相手の考えや気持ちを読み取るのが上手にできない子は，成長や発達の過程で身につける社会的スキルを獲得できないままにいることがあります。それぞれの場面において，相手がどのように思っているのか，自分がどのように振る舞えばよいのかを具体的に教えてあげることが必要です。

アイデア 2 困ったノート

① 困ったことやわからないことをノートに書きとめておく

② その日のうちに先生に見せる

困ったノート

コメントを書いて返してもよい

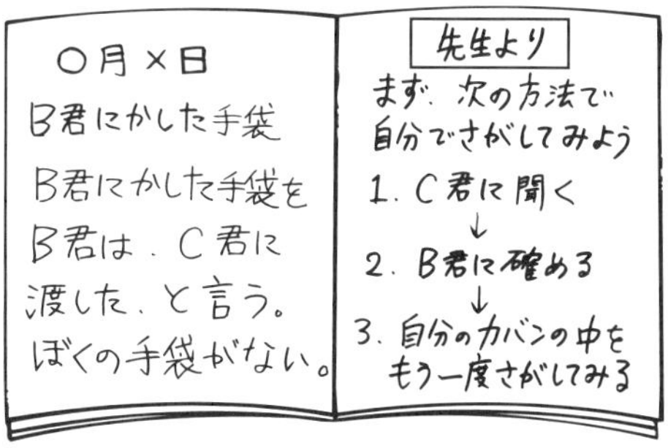

○月×日
B君にかした手袋
B君にかした手袋を
B君は、C君に
渡した、と言う。
ぼくの手袋がない。

【先生より】
まず、次の方法で
自分でさがしてみよう
1. C君に聞く
　↓
2. B君に確める
　↓
3. 自分のカバンの中を
　もう一度さがしてみる

〔留意点〕担任との信頼関係をしっかりと築き，その日の出来事や困ったことは，できるだけその日のうちに担任に手渡すようにさせます。

〔応用〕相談された事柄をまとめ，教師が分類して整理します。例えば，朝の時間，授業中，休み時間，給食時間，掃除時間，帰りの時間，放課後などと，生活場面ごとに分けて整理してあげると，場面への応用が早くできるようになります。

4 コミュニケーションがとれない子③
会話のルールを理解できない

このような子に

会話は双方向のやり取りであることが理解されてなく，相手の話に合わせてうなずいたり相づちをうったり，さらには自分の話す内容を変化させたりする会話のスキルが，自然に身についていかない子どもがいます（高機能自閉症やアスペルガー症候群の子ども）。一連の会話の中で必要となるスキルを，実際に使わせながら，一つ一つ教えていきます。

アイデア 1　会話の仕方を練習しよう

会話のしかた

場面	ルール	言い方
会話を始める	・話をしてよいかどうかを確かめる ・いきなり割り込んだり話し始めたりしない	・ちょっといいかな ・僕も混ざっていい？ ・あの〜，今いいですか？ ・始めのうちは近くで聞いている
会話を続ける	・ひとりでしゃべり続けない。 ・相手の話をよく聞き内容に合った話をする。 ・相手が話し終わってから話す。交互に話す。 ・相手の話をさえぎらない。 ・相手を非難したり相手のいやがるようなことを言わない。	・うなずき，相づち ・表情豊かに ・わからないところは質問する ・相手の顔や目を見て話す
話題を変える	・いきなり違う話題に移らない。 ・話題を変えるときは断ってから変える。	・ちょっと話は変わるけど ・ごめんなさいね違う話題になるけど ・違う話をしていいかな
会話を終える	・話の途中でいきなり会話を終えない。 ・会話を終える理由を伝える。 ・区切りのよいところで会話を終えることを伝える。 ・お礼を言ったりあいさつをしたりして会話を終える。	・そろそろ帰る時間だから ・なかなか面白い話だった。ありがとう ・じゃあまたね

あたりまえに思えることでも，1つ1つていねいに教えていきます。

留意点　教師や友達がついて繰り返し体験させたり，少人数で短時間の会話から始めます。

応用　学級の話し合い活動におけるルールとして指導することができます。ただし，話し合い活動とふだんの会話との微妙な違いが理解されない場合があります。会話場面のビデオ映像などをもとに教えることも効果的です。

このような子に

高機能自閉症の子どもは，相手の表情の変化やしぐさなどを読み取ることが苦手です。また事実でも言わないほうがよいことや，言ってはいけないことなど，会話の中の暗黙のルールが理解できていません。特に身体や顔のことについて見たままを言ってしまいがちです。一つ一つ場面について，どう答えたり振る舞ったりすればよいかを教えます。

アイデア2 マンガカードで気持ちを考えよう

言われた子の表情に注目してふき出しにセリフを書き込む

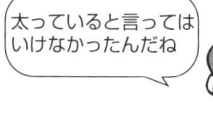

- 太ってるね
- もう時間だよ　食べるの遅いね
- ハンカチかしてくれる？／あっ　汚いよこれ
- 女の子はどうして怒ったんだろう
- そんなゲームつまらないからやらない／いっしょにゲームやらない？
- 先生ハゲてるよね
- 太っていると言ってはいけなかったんだね

留意点　コミュニケーションスキルを指導する場合，できるだけ実際の生活場面と同じ絵カードを作って教えていきます。感情に合わせてふき出しの色を変えると視覚的にわかりやすくなります（例　怒っている→赤，悲しんでいる→青）。

応用　適切な対応と不適切な対応の絵を準備し，×や○などの記号で区別します。

4 コミュニケーションがとれない子④
自分の言いたいことだけを言う

このような子に

他者の視点に立って物事を考えたり，場の雰囲気を読んだりすることが苦手な子どもは，一方的に自分の言いたいことだけを言ってしまいます。相手が困っていることやいやがっていることがはっきりする場面を，ロールプレイなどを用いて，聞く側と話す側の立場を交代しながら，教えていきます。

アイデア1 ロールプレイで話し手と聞き手の役割交代

1つの場面について話し手と聞き手の両方の役割をやってみる

趣味を聞く
聞…あなた（先生）はつりは好きですか
話…（例）ぼくはつりよりもサイクリングが好きだな
聞…家ではどんなことをしていますか
話…（例）家では将棋をします
聞…だれと一緒に遊びますか
話…（例）同じクラス（学校）の○○さんや○○さんと遊びます

聞き手と話し手を演じ，それぞれの気持ちを体験する

①聞き手の役をやる（先生はつりは好きですか？）

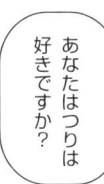

②話し手の役をやる（あなたはつりは好きですか？）

[留意点] 会話は相手次第というところがあります。大人との1対1の場面ではうまくできても，実際の友達同士の場面では思うようにいかない場合もあります。周りの子どもたちが受容的で，うまく会話を進めてくれる学級経営が大切です。

[応用] 学校生活のマナーやルールについて，台本を作って身につけさせます。

このような子に

多弁で一方的に話し続けるのですが，問いかけるとうまく答えられない子どもがいます。すらすらと話すのですが，意外と言葉の理解ができていません。興味や関心の幅が極端に狭く，他の言葉を覚えなかったり，聞いて理解する力に弱さがあったりするためです。会話のルールを教えるとともに，言葉の使い方をチェックしてそのつど教えます。

アイデア ② 生活体験を説明する

運動会の写真（徒競走）
・いつのことですか
・何の種目に出ましたか
・応援していたのはだれですか

校庭の落葉はき
・これは季節はいつですか
・何の葉ですか
・どうして葉は枯れるのですか
・だれと一緒でしたか

雪ダルマと雪合戦
・いつごろのことですか
・雪ダルマの帽子は何ですか
・雪はとけて，どうなりますか
・雪の結晶は何角形ですか

「これはいつのことですか？」
「えっと～えっと～」

楽しい活動や体験的な活動の写真を見ながら会話をする

留意点　「なぜ」「どうして」などの質問に応じた答えができるか，理解していない言葉がないかなどをチェックし，具体的な言葉や視覚的な情報を提示しながら教えます。

応用　人と一緒に活動することや体験することを多くすると，相手と共通の話題ができ，一方的な会話も少なくなります。

5 人と上手にかかわれない子①
自己主張が強い

このような子に

衝動性が強く耐性が弱いために，自分の思いだけが先行し，他の子どもの発言を黙って聞いていることができない子どもがいます。そのような場合，「他の子の発言は最後まで聞く」「順番を待たなければならない」という授業中の発言ルールを意識させることが必要です。

アイデア1　発言のルールを見守る「ボール人形」

①学級のボールに紅白帽をかぶせ子どもに見立てる

②発言のルールが守れない子がいたら紅白帽を前にずらし，ルールを意識させる

「このお友達は授業中発表の約束が守れない子に注意してくれます」

「あれ～？」
「はーい！ぼくぼくはいはーい」
「はい」

[留意点] 問題の子どもだけに限定せず，学級の子ども全員に意識させるようにします。

[応用] 子どもたちは自分の学級のボールに親近感があり，学級の仲間として迎えるでしょう。このほかにも身近なものであれば活用します。

このような子に

自分の意見ばかりを通そうとしたり，友達の意見を受け入れることができず，もめごとの絶えない子どもがいます。そのような場合，まず自分の気持ちを落ち着かせ，相手の言うことに耳を傾ける余裕をもたせる工夫が必要です。落ち着く方法の一つとして，呪文を唱えて一息つかせます。

アイデア 2 自分を落ち着かせるおまじない

①言い争いになったときに唱える呪文を考えさせ,「この呪文があればうまくいく」と，おまじないをかける

②争いをしているとき，合図を送って呪文を思い出させる

（吹き出し）
- 落ち着け 落ち着け
- 怒らないでがまんできるぞ
- ちちんぷいぷい
- 平気、平気
- こんなことはなんでもない
- 大丈夫、大丈夫 ちょっと待って
- なに言ってるんだ！
- 大丈夫 大丈夫

[留意点] 友達との争いを回避し，仲よくする楽しさを味わわせることによって，教師の助けがなくても，子どもが自発的に呪文を唱えようとする意識を育てます。

[応用] 「これさえあれば友達とうまくいく」という自信をもたせることができれば，呪文の代わりに身に付けている物や持ち物などを使ってもよいでしょう。

5 人と上手にかかわれない子②
気ばかり焦り，相手の前で緊張する

このような子に

友達と上手にかかわろうとしても，相手の前に立つと緊張してしまい，どうしてもうまくいかない子どもがいます。そのような場合は，自分だけのリラックス法を決めておき，それを用いて緊張をほぐすと，うまくいくことがあります。

アイデア1　自分だけのリラックス法

①どんなときにリラックスできるかイメージさせる

②目立たず，周囲に違和感のない方法を考える

③自信がもてるようになったら試してみる

[留意点]　周囲の状況に合った，目立たず違和感のない方法を工夫します。

[応用]　場や相手が変わっても応用できるように，いろいろな場面で試させます。
リラックス法を使わなくても気持ちをコントロールができるよう，少しずつ訓練させていきます。

このような子に

人と上手につきあおうとして、焦れば焦るほどうまくいかなくなる子どもがいます。無理して相手に合わせようとせず、自然なままにいればよいことに気づかせます。そのためには相手の話をゆっくり聞く練習をさせます。

アイデア2　話をしっかり聞いて「お話リレー」

（先生）ある日私は家の近所をさんぽしていました　はい続きをどうぞ

（一番め）私も犬をつれていたので立ち止まってお姉さんと話しました

（二番め）それで……

（四番め）うん　うん

聞く人は
相手の目を見ながら
ゆっくりと話を
聞くのがポイント

前の人のお話を聞いて
自由にお話をつなげていく

[留意点]　こちらから積極的にかかわろうと無理しなくてもよいことを知らせます。うまく話せたときは、ほめて自信をもたせます。

[応用]　自信をもってうまくかかわれている自分の姿をイメージしながら話ができるように挑戦させてみます。

5 人と上手にかかわれない子③
興味が偏って共通の話題に乏しい

このような子に

興味関心が偏り，友達と共通の話題に乏しいため，人とうまくかかわれない子どもがいます。そのような場合，低学年では，クラスの友達に興味や関心をもたせるような練習が必要です。自分のよいところもみんなに見つけてもらいます。ほめることが共通の話題につながることを教えていきます。

アイデア① 友達のいいとこ探し

「今日の主人公は○○君です」

① 今日の主人公を紹介する

カード項目：
- やさしいところ
- がんばったところ
- 協力してくれたところ
- ○○ちゃんの好きなところ
- ○○ちゃんのかっこいいところ

② 記入カードを全員にランダムに配る
　カードのテーマについて主人公を観察する

【帰りの会】
「○○君ががんばったところは…」
「知らなかった」
「すごい」

③ カードに書きこんで，項目ごとにどんどん発表する
・質問タイムを設けて，話を広げてもよい
・書かれたカードは教室にはるとよい

留意点　友達のことを聞いたり，自分がほめてもらったりしながら，自信をもって人とかかわれるようにしていきます。

応用　可能であれば，「自分のよいところ」を子ども自身に書かせるようにしてもよいでしょう。自分の趣味や努力したことも発表できるようにします。

このような子に

興味関心が偏り，友達と共通の話題に乏しいため，人とうまくかかわれない子どもがいます。そのような場合，高学年では，自分の好きなもの，好きなこと，好きな場所，好きな動物などについてのガイドブック作りをして，発表し話題を広げていくとよいでしょう。

アイデア2 「好きなものガイド」作り

①自分が好きなものや場所のガイドをつくる

クワガタの種類とどうしたらつかまえられるか

本や雑誌，インターネットを使ったり，校長先生や調理員さんにインタビューをしてもよい

②ガイドを掲示して友達との交流を広げる

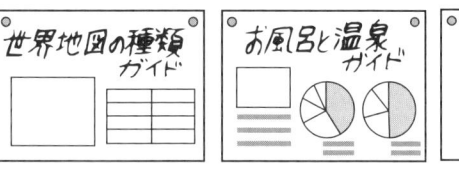

- 路面電車ガイド
- ネコの研究ガイド
- 世界地図の種類ガイド
- お風呂と温泉ガイド

すごい　教えてもらおう

私と同じだ　話をしてみよう

[留意点] 興味関心の幅が狭い子どもも，自分の得意な分野で活躍できるように配慮します。
[応用] このような活動を通して話題の幅を広げるとともに，自分の興味関心を生かして，個人新聞にしても意欲が高まります。

5 人と上手にかかわれない子④
社会的スキルが未熟

このような子に

社会的スキルが未熟なため，人とうまくかかわれない子どもがいます。そのような場合，低学年では，お互いに読んだ本を見せ合う活動を通して，友達と仲よくするためのスキルを身につけるようにします。

アイデア① 友達が読んだ絵本の題名を聞こう

①好きな絵本を読む

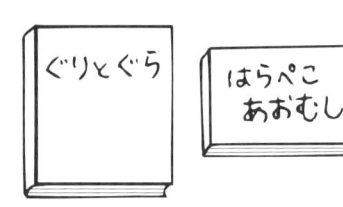

②読んだ本の題名を4人にきく

記入用紙

みんなは何の本を よんだかな？

	本の題名	聞いた人の名前
1		
2		
3		
4		

・名前を記入すると，相手の顔と名前も覚えられる
・あらすじや感想も聞くと会話が増える

[留意点] 自分の周囲だけでなく，教室を歩き回って複数の友達と言葉をいろいろ交わすようにします。

[応用] 感想やあらすじも言うようにしてもよいでしょう。たずねる人の数を多くしたり，相手の条件を設けて，いろいろな人とかかわる機会をつくります。

このような子に

社会的スキルが未熟なため，人とうまくかかわれない子どもがいます。そのような場合，高学年では，日常的なできごとを4コマ紙芝居にし，それを題材に話し合い，正しい行動の仕方や相手の気持ちに立って考える大切さに気づくようにします。

アイデア2　よくある場面の4コマ紙芝居

①4コマ紙芝居を見せる

②登場人物の行動や気持ちを班で話し合う

③異なる意見をとりあげみんなの前で発表する

④さまざまな意見があることを認める

⑤正しい行動の仕方を教える

ストーリー①
1. わー遅刻しそうだ！／パサッ
2. あ 教科書 落ちてる
3. あ、僕のだ！／え？
4. とったな／何言ってんだ 拾ってやったんだよ

ストーリー②
1. いたい／わっ／ドン
2. ごめんね ごめんね
3. 急にぶつかってきた／どうしたの
4. 泣いてるでしょう／ぼく何度もあやまったし ぼくだって痛かったよ

いろいろな感じ方があるんだね

[留意点]　多様な意見を取り上げ，さまざまな受け取り方や感じ方があることに気づかせます。

[応用]　紙芝居の場面を実際に子どもに演じさせてもよいでしょう。学校生活でのさまざまな場面を取り上げ，スキルアップにつなげます。

5 人と上手にかかわれない子⑤
依存性が強く，自主的な行動が少

このような子に

依存性が強く自発的な行動が取れないため，集団の中で人とうまくかかわれない子どもがいます。そのような子どもには，自分の行動を振り返らせることで，自分を認めさせ，励まして，次の行動のめあてを具体的に示していく必要があります。

アイデア1 自信をつける「振り返りカード」

①下校前にふりかえりカードを書く

```
ふりかえりカード         先生より
 （ ）月（ ）日
○きょう一日がんばったことを
 ふりかえってみよう
 ・べんきょうのこと　（　　　　）
 ・あそびのこと　　　（　　　　）
 ・友だちのこと　　　（　　　　）

○よかったことは
 ・（　　）と（　　）をしたことが
  よかった

○もっとがんばりたいことは
 ・（　　）ができるようにがんば
  りたい

あしたのめあて
 （　　　　　　　　　　　　）

＜家庭より＞
```

②教師に見せて，次の日のめあてを決める

- ○○さんを保健室につれていってくれてありがとう
- 花マルだ！やった　明日もだれかに親切にしてみよう

③家にもち帰る

- ワーイ明日もがんばろうっと
- 今日はみんなとドッヂボールをして最後まで残ったんだねすごいね

[留意点] 毎日繰り返すことが大切です。がんばったことを振り返る習慣をつけ，それを教師に認めてもらうことによって自信が生まれます。だれかの手助けがなくても，自分の行動を決定できるようになります。

[応用] 教師からのコメントを，毎日から1週間ごとへと減らしていきます。

ない

このような子に

依存性が強く，一人では何もできないようにみえる子どもがいます。意欲の乏しさは，情緒的な不安や認知的な偏りから生じていることが多くあります。困ったことや失敗したことへの対応を，日常生活の中で学ぶ機会が少ないのです。どのように対処したらよいか，サポートしながら学ばせていくことが効果的です。

アイデア2　おたすけチケット

おたすけチケット
- 困ったときや，どう対処してよいかわからないとき，お助けチケットを使う
- すると先生がどうしたらよいか一緒に考えてアドバイスしたり，行動の仕方を示してくれる
- できるだけ自分で対処するため，場面と回数は制限する
  例　回数は1日3回まで，
  　　使えるときは授業中，掃除，当番，忘れ物をしたときなど

授業中：「座ってゆっくり調べてから答えを言えばいいよ」

給食をこぼした：「こぼした～」→「まず床を雑巾でふいて食器を片づけよう」

掲示物を破ってしまった：「あっ」「破っちゃった」→「画びょうで直せばいいよ」

[留意点]　「おたすけチケット」を持ってきたときは，ていねいに対応し，自尊心を傷つけないように配慮します。

[応用]　隣のクラスの担任や，技術士さん，養護教諭などにも「おたすけマン」になってもらい，サポートを依頼することもできるようにします。

2章　ライフスキルの支援
5　人と上手にかかわれない子⑤

6 順番・ルールが守れない子①
ルールが理解できない，覚えられない

このような子に
耳から聞いことを理解する力が弱いため，口頭での説明だけではゲームや活動のやり方が理解できずに，ルールが守れなかったり，仲間に入ろうとしなかったりする場合があります。ルールを説明するときは，視覚的手がかりを活用すること，複雑なルールを段階的に取り入れることが効果的です。

アイデア1　わかりやすい箇条書きとカード

トランプ7ならべ

（ルールを説明します）

① カードを全部くばる

② 7を持っている人はまん中に出す
　♠7 ♣7 ♦7 ♥7

③ ♦7 を出した人からスタート（時計まわり）

④ 出ているカードに続く数字を出す
　6 ７ 8

⑤ 出せるカードがない時は、「パス」をできる（パスは3回まで）

⑥ もっているカードがなくなった人から1番

複雑なルールはあとで段階的に取り入れる

（留意点）言葉の一部分だけをとらえ，自分流に解釈することがあります。質問には丁寧に答え，確認したことはルールのカードに書き加えることが必要です。

（応用）学習場面でも，指示をカードにして提示します。一度に多くの指示を出すと混乱してしまうので，一度に出す指示は簡潔な言葉で3つ程度が適切です。

このような子に

日常生活の中で自然に習得していると思われる，社会生活に必要なルールが身についていないために，ささいなことで友達とトラブルになったり，繰り返し注意を受けたりすることがあります。日常生活場面に関連した状況をもとに，解決策や予防策を考えたり，クイズやロールプレイを通して確認させたりして，根気強く指導していきます。

アイデア 2　マナーの練習

適切な対応を練習する

かりるとき

「　　　をわすれたのでかしてね」

→「いいよ」と言われたらかりる
→「ダメ」と言われたらほかの人にかりる

かえすとき

「ありがとう」

「どうしたらいいかな？」

私は今日，お友達にかりたえんぴつをかえすのをわすれてしまいました。どうしたらいいかわからなくてこまっています。

こまっているゆきちゃんにどうしたらいいかおしえてね

ゆきちゃんに手紙を書こう

シナリオを使って，ロールプレイで実際にやってみる

こまっているゆきちゃんへのアドバイスを手紙にしてみんなで発表し合う

留意点　実際に日常生活の中で上手に対応できたときに評価します。その経験が，マナーの定着を助けます。

応用　カードは，マナーカードとしてバインダーに整理します。必要なときに子どもが自分で確認したり，教師が子どもと確認するためにカードを提示したりできます。

6 順番・ルールが守れない子②
順番や勝ちに強くこだわる

このような子に
勝敗のあるゲームでの勝ち負けが受け入れられずに，泣き出したり，負けそうになってくると，とたんに表情が変わり，ゲームを放棄したり，道具を投げ出したりすることがあります。事前の約束と，タイミングをみはからった声かけが効果的です。

アイデア1　事前の約束とタイミングのよい声かけ

ゲームの前に

①約束を確認する

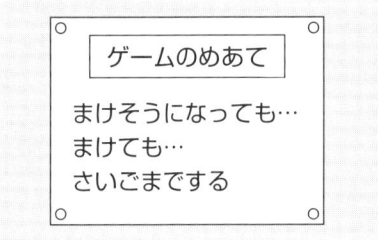

> ゲームのめあて
> まけそうになっても…
> まけても…
> さいごまでする

②個人宣言をする

（「わたしは負けてもおこりません」「先生は負けても泣きません」「ぼくも泣きません」）

ゲーム中に

（「ゲームの約束は？」→「よーしがんばろう」）

終わったら

	5/7	5/19	6/13		
まけそうになってもさいごまでする	○	○	●		
お話をきく	○	○			

シールの大きさ：○小　○中　○大　●金ピカ

（「負けたけどさいごまでがんばったね」「今日は金ピカシールだ」）

勝ちを喜びすぎる場合

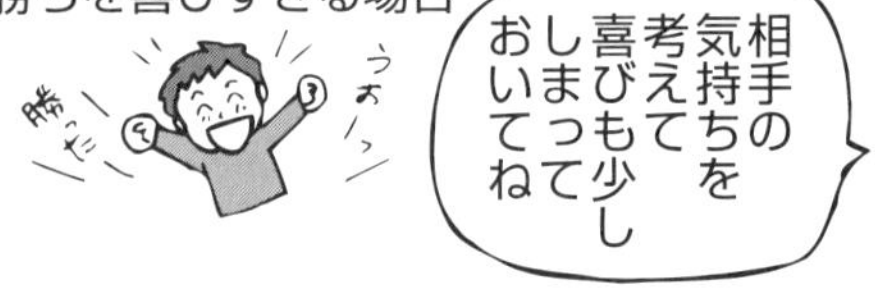

（「相手の気持ちを考えて，喜びを少しおしまいにしてね」）

留意点　「もう大丈夫かな」と思っても，この働きかけを継続します。一緒に活動する友達や遊びの種類が変わる場合は，再度確認する必要があります。

応用　作品作りやテストでも，完璧にやりとげたいという思いの強いことがあります。結果だけではなく「最後まで仕上げる」「やり直しができる」ことの大切さを教えます。

このような子に

順番を決めるときに，とにかく「1番がいい」と主張する子がいます。「1番」は待つ時間も少なく，順番がわかりやすくはっきりしています。またゲームでは，1番＝1位と思いこんで，1番になれなかったとたんに「もう負ける」と泣き顔になることもあります。こだわっている物を別の物にすり替えたり，順番に見通しをもたせる工夫が効果的です。

アイデア 2　見通しがもてる順番の決め方

順番をマークで表す

悪い例
1　○さん
2　□くん
3　△くん
4　☆さん

よい例
A　○さん
B　□くん
C　△くん
D　☆さん

順番をアルファベット等で表す

毎回順序を変える

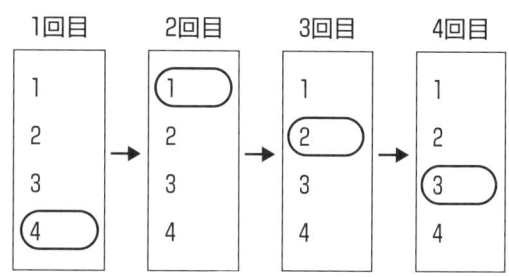

1回目：1, 2, 3, ④
2回目：①, 2, 3, 4
3回目：1, ②, 3, 4
4回目：1, 2, ③, 4

順番がかわっていくことを表で知らせ，見通しをもたせる

最後の人に特典をつける

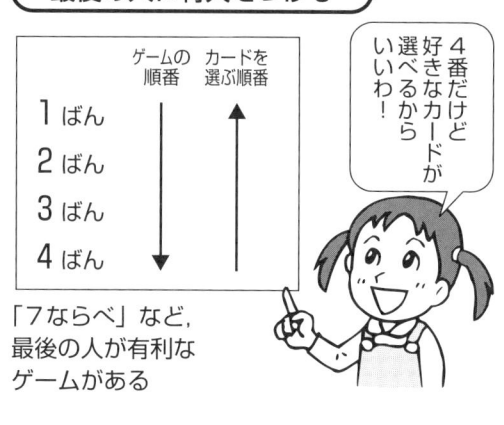

ゲームの順番：1ばん→2ばん→3ばん→4ばん
カードを選ぶ順番：逆順

「4番だけど好きなカードが選べるからいいわ！」

「7ならべ」など，最後の人が有利なゲームがある

一番から始めない

1　□さん
2　△くん
3　☆くん
④　○さん

今日のラッキーナンバー

「今日のラッキーナンバー4の○○さんから始めるよ！」

一番をくじできめる

[留意点] 座席の位置や物（机や椅子）にこだわっている場合もあります。何にこだわっているのかを見きわめ，見通しをもたせることでこだわりを軽減していきます。

[応用] 待つことが苦手で，列に割り込んだり順番を抜かしたりする場合は，待つ時間を短くする工夫や，待ち時間にしてよいことを知らせる工夫もあわせて行います。

6 順番・ルールが守れない子③
感情のコントロールが上手にでき

このような子に

感情のコントロールが苦手で、自分の形勢が不利になったとたん、わきおこった感情を抑えられずに、カッとなったり、一気にやる気をなくしたりすることがあります。活動中に予想される状況や、気持ちを切りかえるキーワードを知らせたり、発想を転換してピンチを楽しめる雰囲気づくりをしたりすることが効果的です。

アイデア 1 発想の転換でピンチを楽しむ

ストレスをプラスに変えるキーワード

ぼうずめくりで
「ひめ」をひいたのに場にカードがない
ガッカリ
「ひめ」なのに！

だれかがぼうずをひいたときに
ぼうずをめくってこそぼうずめくり
ぼくもぼうずを出したい
あっぼうずだ

ババぬきでババをひいたとき
ババがきても知らん顔するのがこのゲームの楽しいところだよ

ネーミングでイメージチェンジ

カードゲームで
出せるカードがないもういやだ！
お助けカードを1枚ひいてね
←お助けカード

山札を「お助けカード」と命名

成功を期待させる声かけ

いいせんいってる
なかなかやるね
おしい
今なら間に合う

留意点 楽しい雰囲気になるよう、教師が声かけをします。いらだった様子が見えたら、まったく別の話題に誘導するほうがよい場合もあります。

応用 本人に「大丈夫、大丈夫」と5回言わせて課題に向かわせるなど、暗示の言葉も効果的です。また深呼吸などで気持ちを落ち着かせる方法を学ばせます。

ない

このような子に

見たり聞いたりしたことに即座に反応し，急に大きな声で怒りだしたり，攻撃的な態度をとったりすることがあります。衝動をコントロールすることがむずかしいので，喜怒哀楽が激しく，周りも対応に戸惑ってしまいます。自分の感情の変化に気づき，自分でコントロールするための方法を学ばせることが大切です。

アイデア 2　ひと休みスペースで気分転換

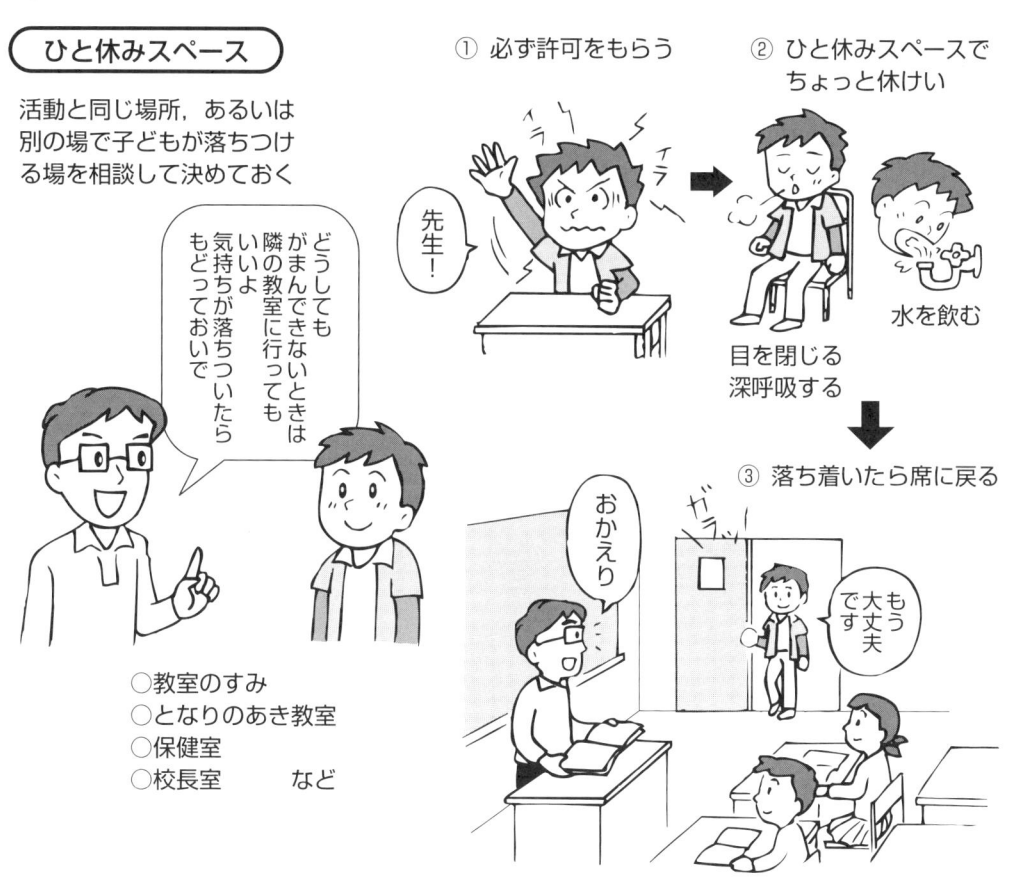

ひと休みスペース

活動と同じ場所，あるいは別の場で子どもが落ちつける場を相談して決めておく

どうしてもがまんできないときは隣の教室に行ってもいいよ
気持ちが落ちついたらもどっておいで

- ○教室のすみ
- ○となりのあき教室
- ○保健室
- ○校長室　など

① 必ず許可をもらう

先生！

② ひと休みスペースでちょっと休けい

目を閉じる
深呼吸する
水を飲む

③ 落ち着いたら席に戻る

おかえり
もう大丈夫です

留意点　短いスパンで休憩時間を設定したり，活動の場を離れずにリラックスできる方法を探したりします。家庭でのリラックス方法を活用できる場合もあります。

応用　よい行動はこまめにほめ，突発的な不適切な行動には毅然とした態度で対応することが大切です。理由を尋ねて気持ちを受け入れ，適切な行動を知らせます。

6 順番・ルールが守れない子④
協調性が弱い

このような子に

「チームで協力しよう」「仲よく活動しよう」などのめあてで活動しているのに，活動の場を離れたり，活動に夢中になって言動が乱暴になってしまったりすることがあります。「仲よく活動する」とはどうすることか，具体的な行動や手順を知らせることが効果的です。

アイデア 1　協力することを具体的な行動目標や手順で

活動の流れや手順をカードで示す

ボール運びリレー

1. ボールを拾ってGO！
   あわてない あわてない

2. ラケットとボールを置く
   ここだよ

3. 次の人へタッチ

ここで！

やさしくタッチ
スピードを落とす　　手と手をやさしく
おっとっと　ゆっくりゆっくり　パチ

今日の目標は「チームで協力しましょう」です
協力するとはこんなふうにすることです

協力することを具体的な行動で視覚化して知らせる

留意点　一度にたくさんの行動目標を示さず，1つの活動に1〜2つくらいから始めます。「〜しない」より「〜する」など，期待する行動を知らせる表現が適切です。

応用　「廊下を走らない」→「廊下は右側を歩く」，「友達と仲よく」→「朝会ったら『おはよう』とあいさつする」など，生活や学習の場面での「めあて」や「約束」でも，具体的な行動目標を設定します。

このような子に

状況判断の弱さから，役割の変化や友達の動きに合わせて自分の動きを調整することがむずかしい子がいます。実験や調理などの班活動でも，結果的に活動のじゃまをしているように受け取られたり，活動に参加していないように思われたりします。役割や分担をはっきりと示すことで，「協力した班活動」が実現できるよう支援します。

アイデア 2　一人一人の役割が見つかるように

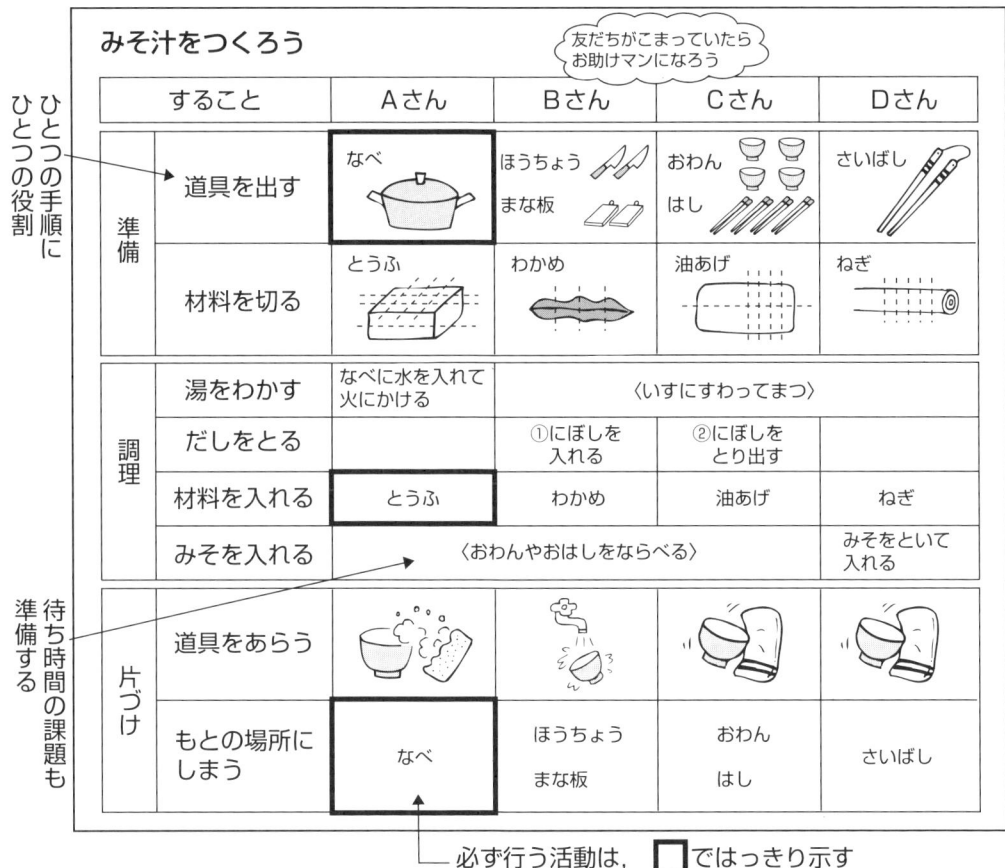

みそ汁をつくろう

〔友だちがこまっていたらお助けマンになろう〕

ひとつの手順にひとつの役割

	すること	Aさん	Bさん	Cさん	Dさん
準備	→道具を出す	なべ	ほうちょう　まな板	おわん　はし	さいばし
準備	材料を切る	とうふ	わかめ	油あげ	ねぎ
調理	湯をわかす	なべに水を入れて火にかける	〈いすにすわってまつ〉		
調理	だしをとる		①にぼしを入れる	②にぼしをとり出す	
調理	材料を入れる	とうふ	わかめ	油あげ	ねぎ
調理	みそを入れる		〈おわんやおはしをならべる〉		みそをといて入れる
片づけ	道具をあらう				
片づけ	もとの場所にしまう	なべ	ほうちょう　まな板	おわん　はし	さいばし

待ち時間の課題も準備する

必ず行う活動は，□ではっきり示す

留意点　すべての活動への参加がむずかしい場合は，その子が必ず行う活動を表にはっきりと示し，活動への参加を促します。また，協力関係がうまく築けるグループ構成に配慮が必要です。

応用　掃除，給食当番，理科の実験，班での新聞作りなどに応用できます。

6 順番・ルールが守れない子⑤
注意が続かず途中でルールがわから

このような子に

ほかのことに気をとられたり，注意集中の持続時間が短いために，途中でルールや手順がわからなくなることがあります。集中できる環境をつくったり，注意集中の持続時間に応じた活動（課題）の量や内容を設定したり，作業や活動のポイントをいつでも自分で確認できたりするような工夫が効果的です。

アイデア1 ルールをいつでも見て確認

学習のとき

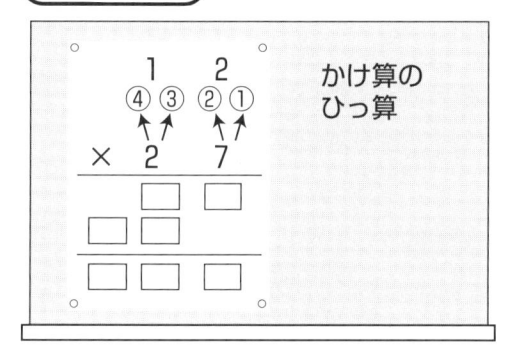

やり方をいつでも黒板に貼っておく

カードにして机にも貼る

話し合いのとき

発表する人	聞く人	質問する人
・聞く人の方をむく ・ちょうどよい声の大きさ	・発表する人の方をむく ・静かに聞く	・発表が終ってから手をあげる

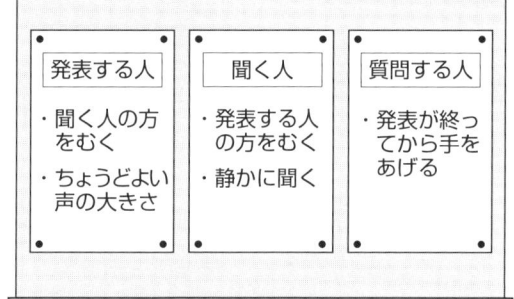

聞き方・話し方を黒板に貼っておく

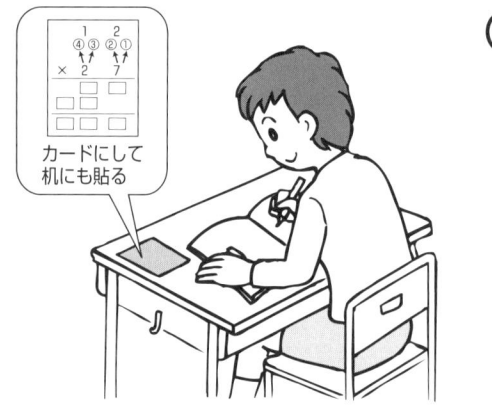

ゲームのとき

ルールを机に貼る

(留意点) 音やチラチラする物など，気が散るような刺激はできるだけ取り除きます。視覚的な手がかりは，活動によって，本人の見やすいところに提示します。

(応用) 活動が長時間に及ぶ場合は，10～15分の小活動（静かに取り組む活動と動きのある活動）を組み合わせて，メリハリがあるように構成します。

なくなる

このような子に
ゲームに夢中になって順番を抜かしてしまったり，注意力不足のために，まわる方向やだれの順番かがわからなくなったりすることがあります。また，順番を抜かされたと勘違いをしてゲームを中断してしまうこともあります。ルールをわかりやすく表示したり，順番やまわり方を確認するための補助具を活用します。

アイデア 2　順番やルールがわかりやすい工夫

①活動を始める前に順番カードを配って確認

「1番の人」

②ルールカードを貼って確認

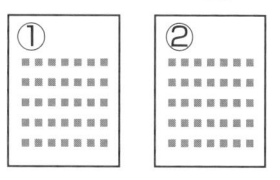

③活動を始めたら

「順番くん」

順番を示す小物を回していく

「ぼくの番だね」

「ハイ」

回り方を表す円盤を中央におく

方向カード　オモテ　ウラ

紙や矢印の色も変えるとわかりやすい

留意点　順番確認のために，初めは教師が「次は○君」と声をかけます。前後の人の動きに気をつけられるようになると，「順番君」が自分で回せるようになります。

応用　話し合いでも，「発表君（発表名人）」「司会者」などの筒を準備し，「発表君」や「司会者」を持っている人が発言します。

7 こだわりのある子①
物の位置や順序が変えられない

このような子に

物の位置や場所が変化することで，今までの習慣が崩れることや，新しいことへの見通しがもてないことから，不安やいらだちを感じる子どもがいます。変えることの理由や日時，場所などをあらかじめ伝えることで，気持ちの切りかえを行うと効果的です。

アイデア① 移動する場所を決めて予告しておく

①移動することをあらかじめ伝えておく

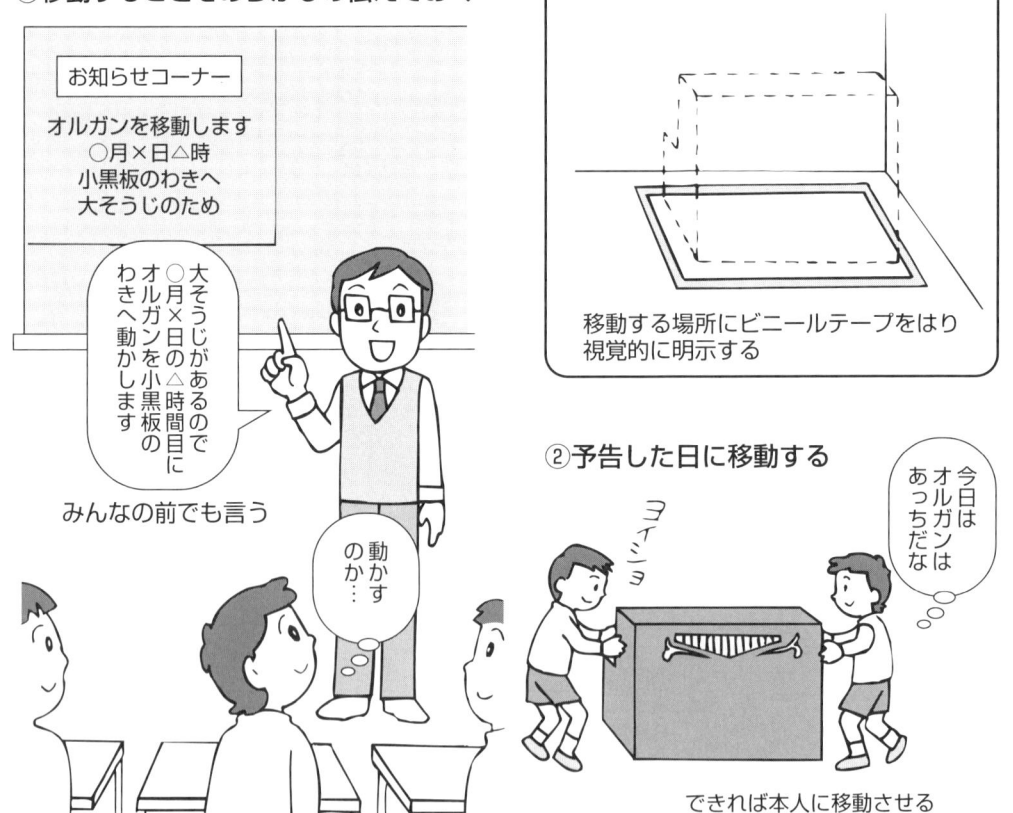

お知らせコーナー
オルガンを移動します
○月×日△時
小黒板のわきへ
大そうじのため

大そうじがあるので○月×日の△時間目にオルガンを小黒板のわきへ動かします

みんなの前でも言う

動かすのか…

移動する場所にビニールテープをはり視覚的に明示する

②予告した日に移動する

ヨイショ

今日はオルガンはあっちだな

できれば本人に移動させる

留意点 いきなり何の予告もなく変えてしまうことや，当日に知らせることは，混乱を招く恐れがあります。あらかじめ伝えることが大切です。

応用 黒板の一角に予定変更を書き込むようにすると，スムーズに変更が受け入れられます。予定変更を色チョークで書くのもよいです。教室の模様がえや掲示物のはりかえ，白衣のとりかえ，カーテンの取り外しなどにも応用します。

このような子に

あるべきところにあるべき物がなくて探し回ったり、不機嫌になったりする子どもがいます。学級全体で整理整頓に取り組んだり、元あった場所に返すなどの習慣づくりをしたりすることによって、学級もその子どもも落ち着きます。

アイデア2　みんなが元の場所に返す習慣づくり

【学級の整理整頓について話し合う】

- 置く場所をきちんと決めよう
- みんなが気持ちよくすごすために使ったものは元にもどそう
- 何か目印をつけたらどうかな

・みんなで使う物の置き場所を決める
・「使ったらもとの場所に返す」など決まりをつくる

【ひとめで置き場所がわかる工夫】

ほうき1　ほうき2　ほうき3　ちりとり

使ったものは元の場所へ…

教科ごとの図書の表示
算数　国語
社会　理科

セロテープ　ハサミ　マジック
ガムテープ　のり　チョーク
定規

引き出しの中に入っているものの表示 →

[留意点] 学級で共有する物があるべき場所になく、不安定になっている子どもに対して、こだわりをなくそうとするより、それを認めてみんなで協力します。

[応用] この場所に置かせたいと意図したときは、テープで囲んだり、物の大きさに合うような入れ物を用意したりすることによって、だれでも自然にそこに置くようになります。

7 こだわりのある子②
手順どおりしないと気が済まない

このような子に

一つずつ順番に学習を積み上げて学ぶタイプの子どもは，なんでも一から始めないと気が済まないことがあります。途中から始めると落ち着かなかったり，途中からやればいいことに気がつかなかったりします。始めるべきところにスタートラインを設定してあげると，途中からでも作業や練習ができるようになります。

アイデア1 「今日はここから」の目印

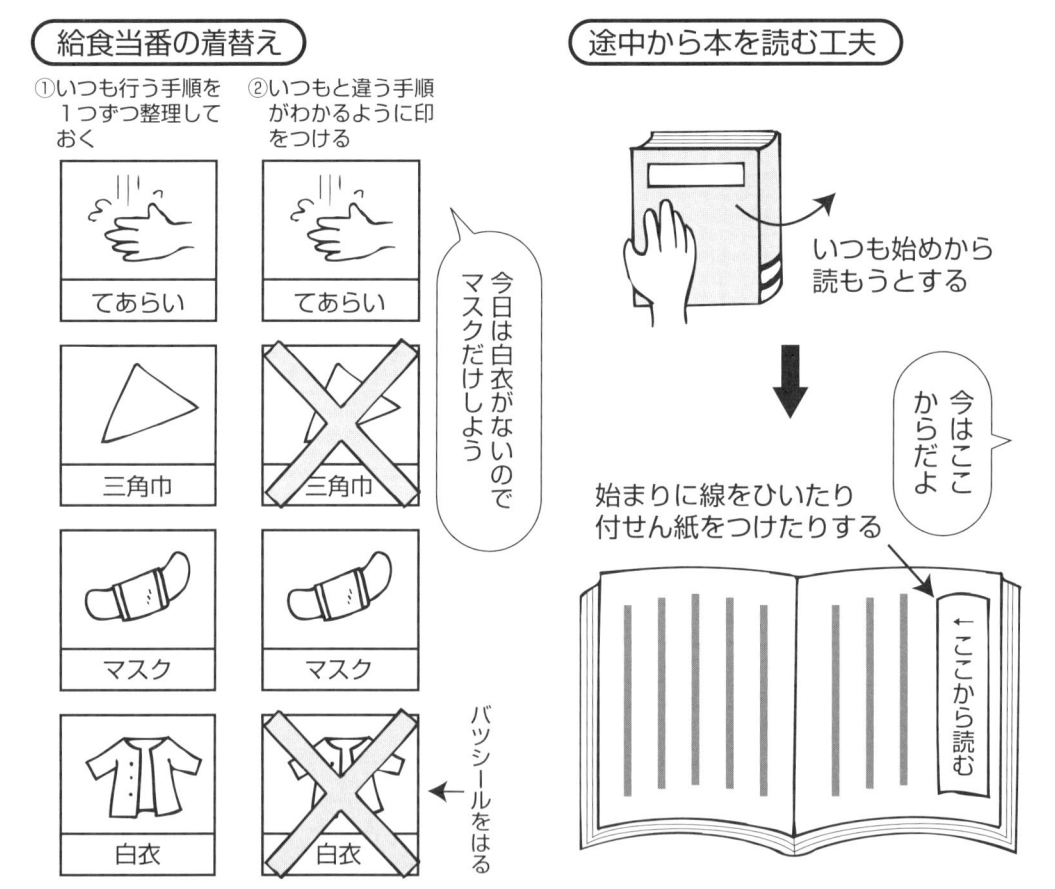

給食当番の着替え

①いつも行う手順を1つずつ整理しておく
②いつもと違う手順がわかるように印をつける

- てあらい / てあらい
- 三角巾 / 三角巾（×）　今日は白衣がないのでマスクだけしよう
- マスク / マスク
- 白衣 / 白衣（×）　←バツシールをはる

途中から本を読む工夫

いつも始めから読もうとする

↓

始まりに線をひいたり付せん紙をつけたりする　「今はここからだよ」　←ここから読む

[留意点] 教科書に線を引くと嫌がる場合は，付せん紙をはったり定規を置いたりします。
[応用] 音読，笛の練習，演劇の練習などでも，「今度はここからだよ」と応用できます。家庭学習で音読をする場合は，形式段落に番号を付けて「○番から△番まで」と指定したり，自分で決めさせたりします。

このような子に

掃除や給食の準備など，毎日の決まった活動の手順が急に変わると，見通しがもてずに不安になる子どもがいます。時間短縮のために簡単な掃除をするときなどのことも考えて，あらかじめ別のパターンを決めておくと，混乱なく活動することができます。

アイデア 2 複数のパターンをつくる

①必要なパターンをあらかじめ示す

```
そうじの手順
（通常）
1  あいさつ
2  机運び
3  ほうき
   ぞうきん
   黒板，たな
4  机運び
5  ゴミすて
6  整理整とん
7  反省あいさつ
```

```
そうじの手順
（短縮）
1  あいさつ
2  ほうき
   黒板，たな
3  机の整とん
4  反省あいさつ
```

```
大そうじの手順
1  あいさつ
2  机運び
3  ほうき
   ぞうきん
   黒板，たな
   スペシャル  ←
4  机運び
5  ゴミすて
6  道具類の後始末
7  反省あいさつ
```

```
1日目  窓
2日目  天井
3日目  床みがき
4日目  ワックス
```

②特別な手順で行うときは事前に予告する

― 予告する ―　　　　　― 当日 ―

「金曜日のそうじは短縮でやります」　→　（今日は短縮か）

留意点　一つの手順にこだわる場合は，別の新しい手順を獲得させるようにします。こだわりをなくすのではなく，こだわりを増やすという発想をもち，一つの方法がダメなときに，別な方法で解決できるという手だてを子どもにもたせます。

応用　低学年で日常的なきまりにこだわり，新しいパターンをなかなか受け入れられない子どもに応用できます。

7 こだわりのある子③
特定の人がいないと気が済まない

このような子に
いつもいるはずの人が，なぜいないのかがわからず，気になって落ち着かなくなることがあります。何度も「○○先生はどこですか」と聞いてきたりします。自分の行動の見通しだけでなく，いない人がどこで何をしているのかを伝えてあげると，納得して安心する場合があります。

アイデア 1　いない人の予定を伝える

①不在を事前に伝えておく

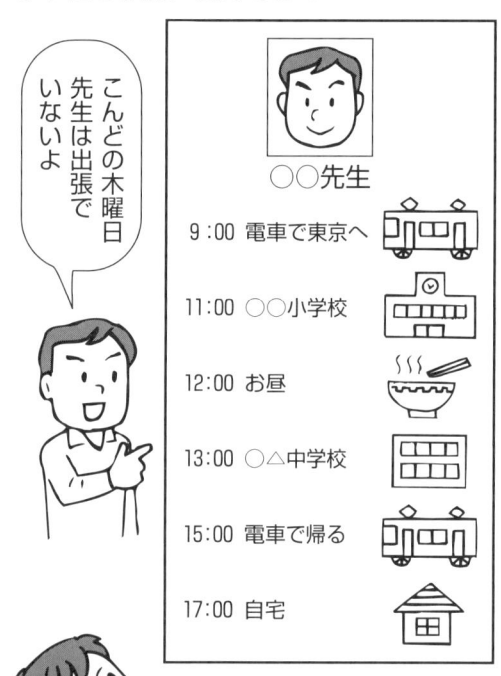

こんどの木曜日先生は出張でいないよ

○○先生
9：00　電車で東京へ
11：00　○○小学校
12：00　お昼
13：00　○△中学校
15：00　電車で帰る
17：00　自宅

どこに行くのか
どんな手段で行くのか
いつ帰ってくるかなどを
できるだけ詳しく伝える

②不在中は代理をする先生の名前を黒板にはっておく

△△先生

○○先生　△△先生
いない　　いる

今日は△△先生だ
○○先生はいない

・突然休むときでも，できるだけくわしい情報を示す
・友達が休んだときも，「今日は○○さんはカゼで1日お休み」などと伝える

(留意点)　「ずっといないのではないか」と思わせると不安が増してしまいます。居場所を伝えたら，その後いつ戻ってくるのかを必ず伝えるようにします。

(応用)　転校や転勤でもう戻ってこないような場合も，それらの情報を正しく伝えます。いなくなることの不安よりも，見通しをもてない不安が大きいからです。

このような子に

こだわりの強い子どもにとって，特定の人がいないために空間が埋まらないことが気になる場合があります。椅子や机の場所にぽっかりと空間が空いてしまうことがいやなのです。だからといって，違う人がそこにいることはもっと納得のいかないことです。人形や似顔絵など，空間を埋める代わりのものがあると，意外と納得するケースも見られます。

アイデア2　担任代理をつくる

（吹き出し）あすはこのクマさんが○○先生のかわりだよ

担任の似顔絵や自画像等を貼り付けて，いつもいる場所に置いてもよい

（吹き出し）まあいいか

[留意点] 担任が自分の代わりとして利用することに限定します。子どもや他の人の代わりとしては使わないようにし，また保護者や周囲の理解も得るようにします。

[応用] 子どもによっては，お父さんの出張など，家庭の中で家族の代わりに利用することも必要な場合があります。

7 こだわりのある子④
大事な物が手放せない

このような子に
大事な物が手元にあることで心の安定が得られる子どもは，それがなくなるととても不安になります。手放す時間を少しずつ長くしていくことで，それがなくても大丈夫なのだということを体感させ，少しずつ物へのこだわりを少なくしていきます。

アイデア 1　手放す時間を少しずつ長くしていく

「10分間しまっておこうね」
「うん」
「えらかったね」

保管場所を決めて，そこに自分でしまわせるようにする

持たずに過ごす間の時間は，子どもが意欲的に活動できる場面を用意しておくとよい

[留意点] 何が大事な物かは，子どもによってさまざまに違います。返されないのではないかという不安を与えないことが大切で，手放すことを無理させず，気長に取り組みます。

[応用] できたらシールをはるなど，目に見える形での取り組みがあると効果的です。家庭でも同じように保管場所や時間を決め，できたらほめてあげます。

このような子に

こだわりの強い子どもの中には,いつも持っている物がなくなると,不安でパニックを起こしてしまうケースがあります。なかには持ち歩くのがむずかしい物を持ちたがる子どももいます。無理に手放させるのではなく,可能なかぎり,形を変えて持つことを認めることも必要です。

アイデア2 形を変える

小さくする

バスタオルが手放せない子

↓

ハンカチサイズなら毎日持ってもOK

似たものをかわりにする

ぬいぐるみをさわっていると落ちつく子

↓

同じようなフワフワしたもの

↓

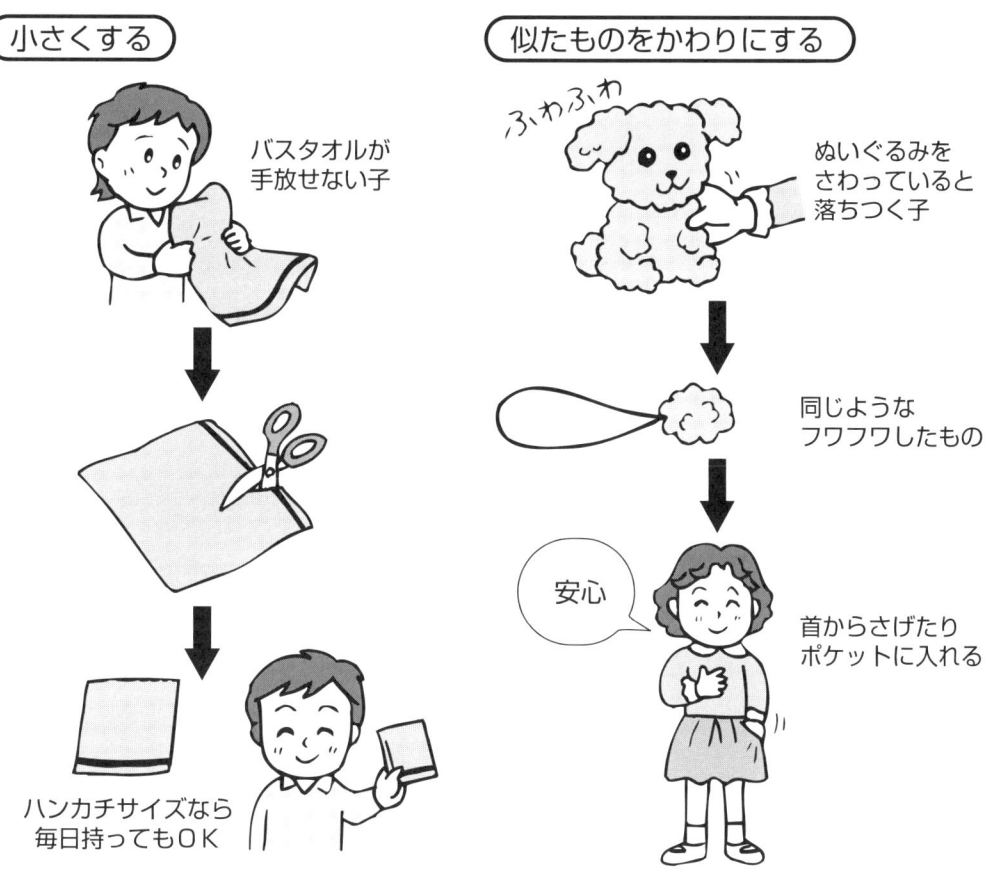

首からさげたりポケットに入れる

安心

[留意点] どの程度減らしていくことが可能かは,子どもによって違いがあります。様子を見ながら行います。

[応用] その物の写真や絵カード,文字表記によるものなど,代用品でも納得する場合があります。

7 こだわりのある子⑤
いったん思い込むと変えられない

このような子に

自分から行動を切りかえることができない子どもは、1つの考えや思いにこだわり、そこから抜け出せない場合があります。本人もどうしてよいかわからないときには、周囲の者が別の視点を与えたり、気持ちの切りかえをしてあげることが支援となります。

アイデア 1　切りかえの手伝い

文字で示す

- 手のしわに入ったよごれが落ちない
- 手洗いはあと1分ね
- 給食

枠をつくって、考えの区切りをつける

体　育
1　準備体操
2　バスケットボールパス練習5分
3　シュート練習10回

- あとパスを5分練習したらシュートできるな
- シュートシュートシュートシュート

選択肢から選ばせる

- ドリルばかりする子
- 今日は計算プリントにしよう

さんすう	
計算プリント ○×○＝ △×□＝	ドリル
電　卓	教科書うつし

夢中になっているとき、先生の声は聞き流してしまうので、見てわかるように示す

留意点　考えの変更を迫るのではなく、他の考えや手段があることを提示します。強制したり高圧的に迫ったりしないように気をつけます。図書室や校庭などに場所を変えて、気分転換させることも大事です。

応用　ソーシャルスキルの獲得として、「友達のよいところ探し」「反対する立場を支持しよう」など、違う視点をもてるような活動を学級で行うことも考えられます。

このような子に

多数決に従えない子どもがいます。自分の考えを反対されたり批判されたりしたときに，どのように振る舞ったらよいのか，どのように気持ちの切りかえをしたらよいのかがわからないために，受け入れられないのです。具体的にどんな言葉や態度をとればよいのかを教えることで，少しずつ上手な対応ができるようになります。

アイデア 2 気持ちを切りかえる合い言葉

①合言葉をつくる

発表会の出し物
・歌　5
・げき　20
・ダンス　10

「多数決でげきにします」
「えー？」
「いろいろな意見の人がいるので，こういうときの合言葉は『仕方がない』です」

②ふだんも合言葉を意図的に使う

「そろそろ時間だよ　合言葉は？」
「仕方がない」

「おおー！がまんのポーズだね　いい調子！」

子どもなりの言葉やポーズを合言葉にとり入れるのもよい

留意点　子どもが自分なりに気持ちの切りかえをする言葉や身体表現をしたときは，それをほめ，その言葉や表現を取り入れるようにします。長い目で子どもの変化を敏感に感じ取り，少しでもよい方向へ切りかえられたときは，十分にほめます。

応用　学級の話し合い，勝ち負けがあるゲームなどでも応用できます。

8 視覚認知の弱い子①
地から図を取り出せない

このような子に

すべての物が同じように視界に入り，全体の中からいちばん重要なものに焦点をあてて見ることが苦手な子どもがいます。反対にある一部分に注目してしまい，必要なものに注目できない場合もあります。どちらの場合もいちばん必要とされているものに注意を向けることができるよう，余分な情報をなるべく遮断したり，注目させる工夫が効果的です。

アイデア1 余分な情報をカットする

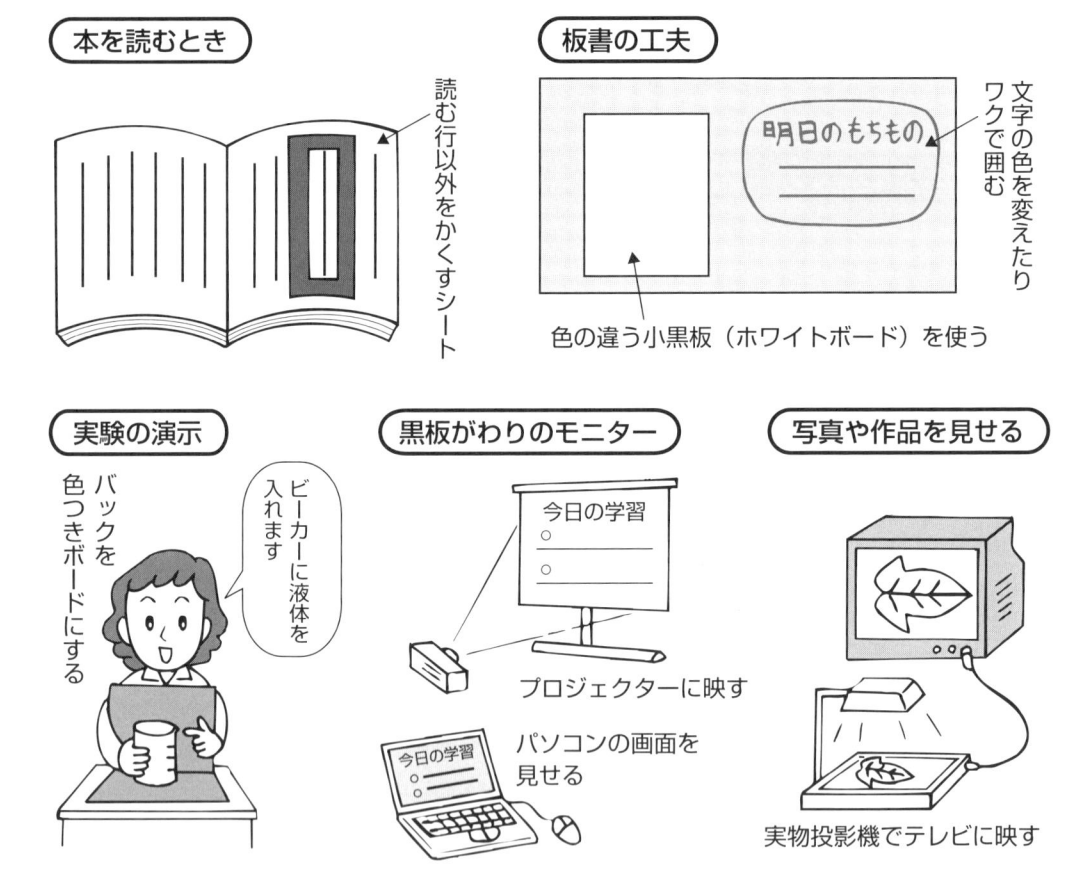

本を読むとき
読む行以外をかくすシート

板書の工夫
文字の色を変えたりワクで囲む
色の違う小黒板（ホワイトボード）を使う

実験の演示
バックを色つきボードにする
ビーカーに液体を入れます

黒板がわりのモニター
プロジェクターに映す
パソコンの画面を見せる

写真や作品を見せる
実物投影機でテレビに映す

留意点　教室内の環境が雑然としていては，効果が激減します。整理して余分な刺激は取り除き，シンプルな環境づくりをします。

応用　「見て見て君」などのキャラクターを作り，注目してほしい部分に毎回使用します。

このような子に

教科書を使った学習で、どこを見たらよいのかわからずに、的はずれな図表を見ていたり、いろいろな問題が書かれたプリントにとまどっていたりすることがあります。関係をはっきりと示した資料や、余分な情報を取り除いた学習プリントを工夫します。

アイデア2 プリントの工夫

図表と説明文の関係をはっきりと

どこみたらいいの？ / すっきり

まとまりをとらえやすく

× / ○

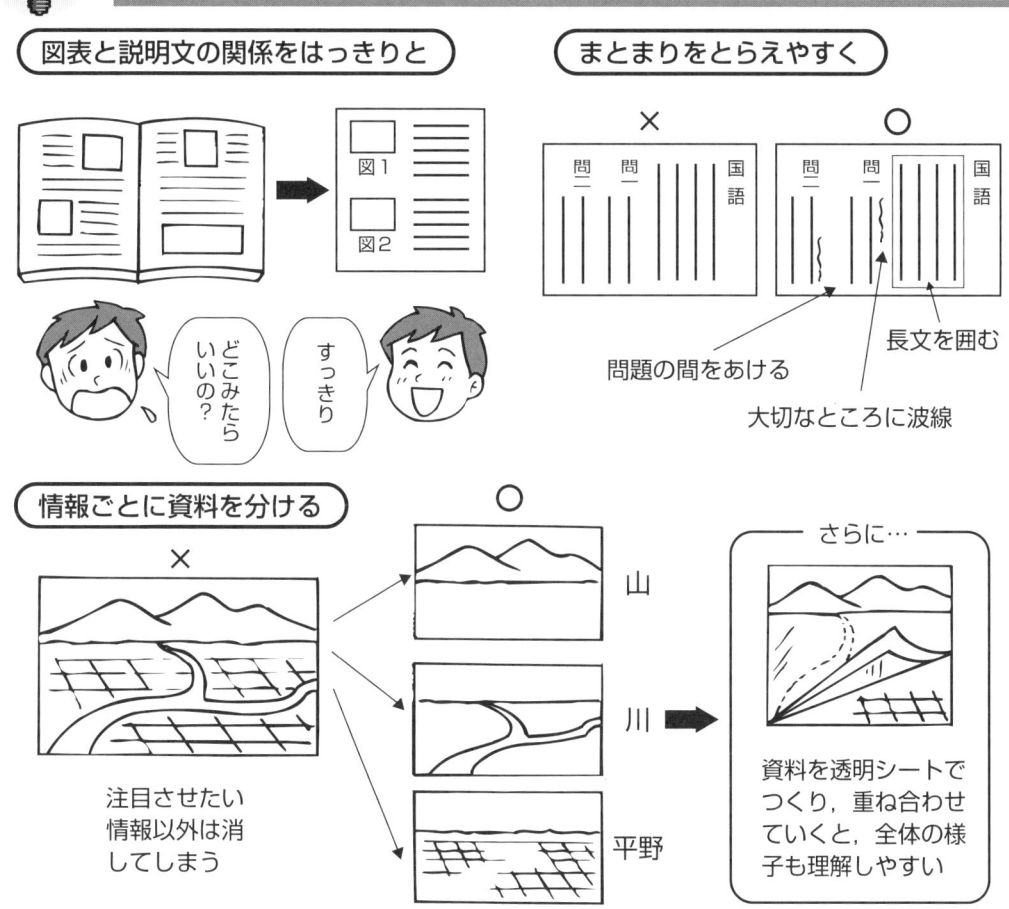

長文を囲む
問題の間をあける
大切なところに波線

情報ごとに資料を分ける

× → ○ 山／川／平野

注目させたい情報以外は消してしまう

さらに…　資料を透明シートでつくり、重ね合わせていくと、全体の様子も理解しやすい

留意点　「下記の語群から選びましょう」など、問題と選択肢が離れた設問にとまどうことがあります。書体や大きさを変えて設問部分を強調し、問題をていねいに読む習慣をつけます。

応用　音楽の器楽演奏では、担当パートの部分だけの楽譜を用意したり、担当パートを色枠で囲ったりします。

8 視覚認知の弱い子②
空間(言葉と位置)が理解できない

このような子に

前後・左右・上下などの方向や，方向に関する言葉と位置が理解できない子どもがいます。指示にとまどったり，自分ではわからないのでいつも周囲を見て動いたりしていることがあります。生活空間に位置関係を掲示するとともに，指さししながら指示を出して方向と位置をイメージしやすくします。方向を表す言葉にふれる機会を多くもつようにします。

アイデア① 位置や方向を表す言葉を教室に示す

教室に位置関係を掲示する

上／左／右／下／前

「右側のろうか側の列の人から来てください」

・方向を指さす
・具体的な言葉をそえる

矢印を使って方向を示す

左 ← 右

「右から左に書きましょう」

指でさし示しながら

よこに書く → ・りんご ・バナナ

たてに書く ↓ ・りんご ・バナナ

留意点 左右前後は，体の向きによって位置関係が変わるので注意します。

応用 左右前後を理解できたら，東西南北の方位を教室の中に掲示して指導します。漢字の書き順も，「左から右」「上から下」と言いながら覚えさせます。

このような子に

集団行動やリズムダンスの指導場面で,「前後・左右」の移動や「右手・左手」などの指示にとまどい,なかなか動きが覚えられない子どもがいます。まずは,「前後・左右」などの言葉での指示に対して,自分の体を通して理解させます。

アイデア2 方向感覚を身につける運動

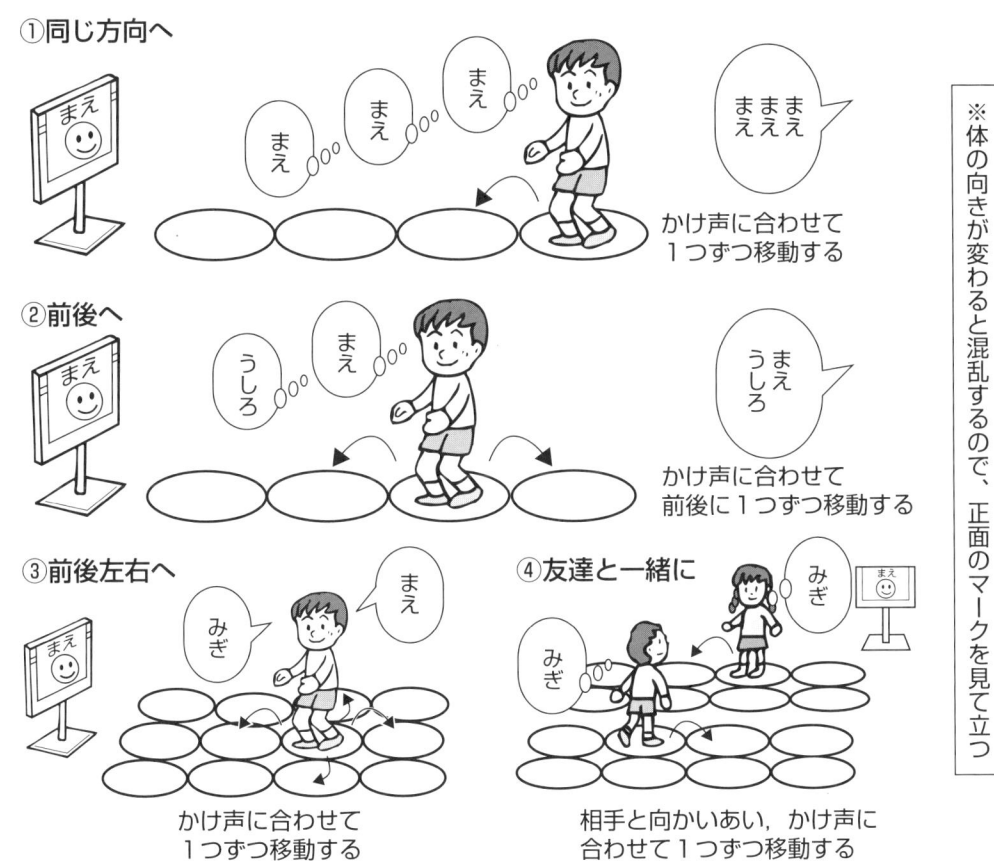

①同じ方向へ

かけ声に合わせて1つずつ移動する

②前後へ

かけ声に合わせて前後に1つずつ移動する

③前後左右へ

かけ声に合わせて1つずつ移動する

④友達と一緒に

相手と向かいあい,かけ声に合わせて1つずつ移動する

※体の向きが変わると混乱するので、正面のマークを見て立つ

[留意点] 利き手を基準にして左右を理解をしていることが多いので,左利きの場合は特に留意します。右手にマークをつけて常に確認できるとよいでしょう。

[応用] 「ケン・ケン・パー」ゲームなどで左右の足を代えて,楽しく身につけることができます。ボール送りリレーなど,実際に物を操作する活動でも応用できます。

8 視覚認知の弱い子③
目で見た情報を記憶してノートに

このような子に

目で見た情報を記憶してノートに再現することが苦手な場合，文字や図を正しく書き写せなかったり，行がずれてしまったり，書くのに時間がかかったりします。板書は短くわかりやすくすることと，ノートに写す時間を確保することが効果的です。

アイデア1　わかりやすい板書の工夫

わかりやすい書き方

わかりやすい書き方
- ○板書の量は少なめ
- ○行間をあける
- ○言葉や文章は短く簡潔に

低学年での工夫

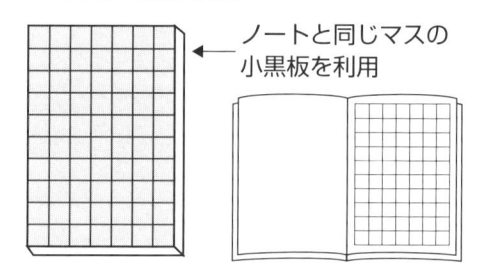

← ノートと同じマスの小黒板を利用

プリントを見て写す

板書と同じ内容のプリント
近くにあると写しやすい

書く時間をとる

「説明をおわります　ここからここまで書いてください」

話を聞く ←→ ノートに書く

時間を分ける
書く量も小分けに

[留意点]　左利きの場合は，プリントを右側に置きます。ノートの上に置くと見やすい場合もあるので，位置への配慮が必要です。座席はなるべく黒板に近くします。

[応用]　小さなホワイトボードを机の上に置くと，必要に応じて利用できます。声に出しながら書くほうが効果的な子どももいます。

写せない

このような子に

板書を写したり，手元のプリントや資料を書き写したりすることに非常に時間がかかり，書くことに対して抵抗感を示す場合があります。まずは学習内容の理解を優先させるために，書く量を調節し，抵抗感を軽減するようにします。

アイデア2 書く量を減らす工夫

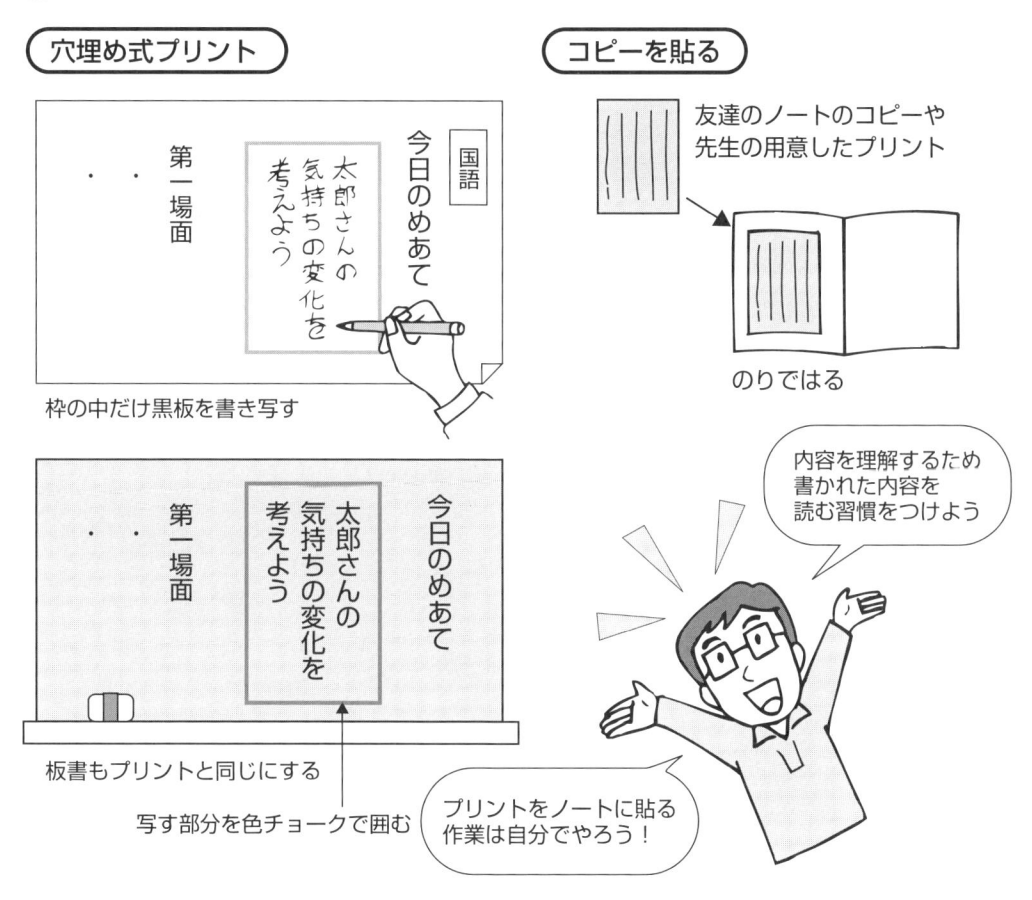

穴埋め式プリント

枠の中だけ黒板を書き写す

コピーを貼る

友達のノートのコピーや先生の用意したプリント

のりではる

板書もプリントと同じにする
写す部分を色チョークで囲む

内容を理解するため書かれた内容を読む習慣をつけよう

プリントをノートに貼る作業は自分でやろう！

[留意点] 乱雑な字でも書いたことを認めます。細部に気をつけてていねいに書く指導は，別の機会に行います。得意な教科から徐々に書き写す量を増やしていきます。

[応用] 連絡帳への記入では，専用の小黒板を準備し，項目と見出しマークを決め，書き写す内容を毎回同じパターンで提示します。また必要箇所のみを記入すればよいオリジナルの連絡帳を準備し，翌日の持ち物や宿題を記入させます。

8 視覚認知の弱い子④
道を教えられても行くことがむず

このような子に

教室の場所がなかなか覚えられなかったり，教室が変わると行き方がわからなくなったりする子どもがいます。方向感覚が弱かったり，目印を覚えられなかったりして，出発点が異なると混乱し，行ったことがある教室でも迷うことがあります。案内板や校内地図などの視覚的な手がかりを活用します。

アイデア1 視覚的手がかりと校内地図で学校探検

校内地図をつくる

校舎ごとの地図 / 階ごとの地図

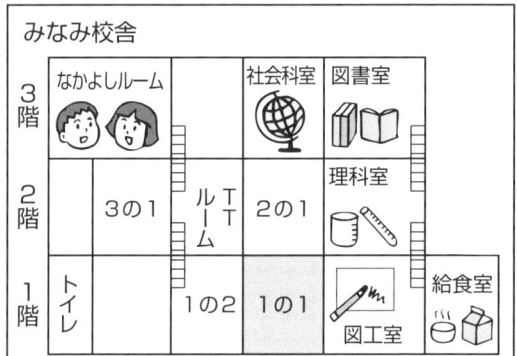

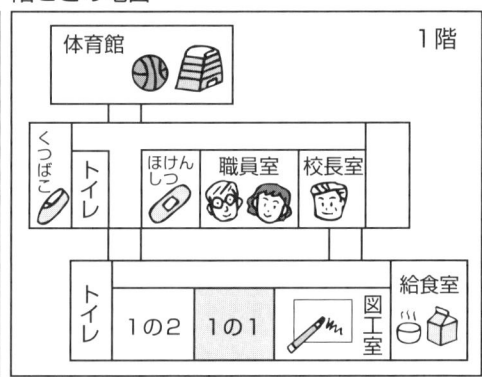

案内板を設置する

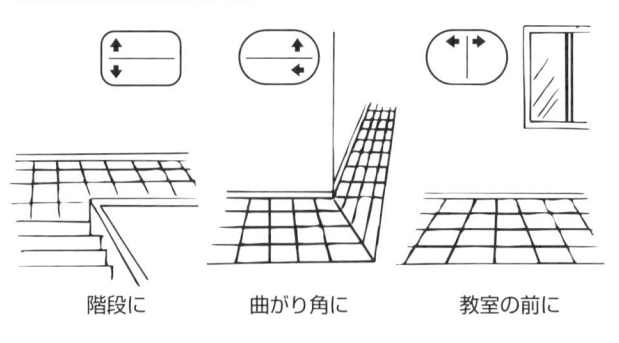

階段に / 曲がり角に / 教室の前に

案内板の例

(留意点) 教室移動では，目的教室までの行き方を校内地図に矢印で示します。出発点は自分の教室にします。また2つの教室を経由する場合は，矢印を色分けします。異なる階を移動する場合は，階ごとに地図を分けて順番をつけておきます。

(応用) 机，ロッカー，靴箱にシールを貼り，場所がわかりやすいようにします。

かしい

このような子に

道順を何度説明しても，スムーズに目的地にたどり着かないことがあります。口頭での説明から場所や方向をイメージし，さらに順序や関係を考えながら理解することは，たいへんむずかしいものです。イメージできるための視覚的な手がかりのある地図や，簡潔な道順メモの作成が効果的です。

アイデア2　視覚的手がかりと道順メモで目的地へ

① 説明を聞く

「今日は，おばさんの家に行ってきてね。家を出たら右の方に歩いていくのよ。本屋さんのところを左に曲がってね。公園を通ってポストの向かいの家よ。」

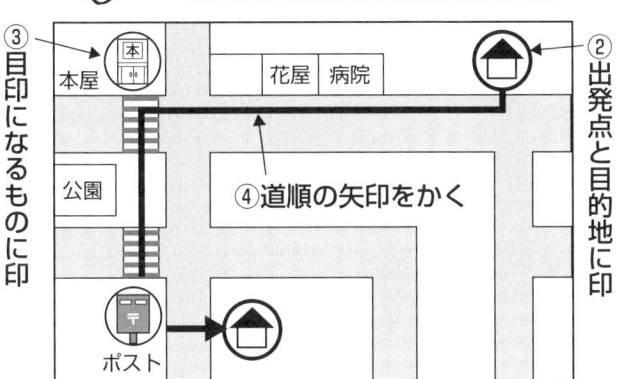

③ 目印になるものに印
② 出発点と目的地に印
④ 道順の矢印をかく

目印となる建物や場所は写真でイメージさせる

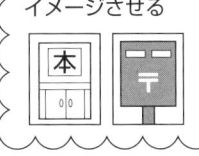

⑤ 道順メモを作る

道順メモ
出発地（自分の家）
目的地（おばさんの家）
① 右の方に歩く
②（本屋）を（左）に曲がる
③ 公園を通る
④ ポストのむかい

[手順]
① 道順の説明をきく
② 出発点・目的地を確認し地図に印をつける。
③ 目印になる建物や場所を確認し地図に印をつける。
④ 地図に矢印をかきこむ
⑤ 地図をもとに道順メモを作る。

[留意点] 距離感が弱い場合は，「10メートルは歩いて何歩」などの具体的なアドバイスが必要です。また，道に迷ったときの対処として，だれに聞くか，電話をどう利用するかも教えます。

[応用] 出発点と目的を知らせて自分で道順を確認したら，その道順を文章化させます。学校周辺の地図を使用して，紙上旅行の練習をします。

8 視覚認知の弱い子⑤
情報を正確にとらえられない

このような子に
作業や学習に「何から，どんな順番で（優先順位）」「どれくらいの時間（量）」取り組めばよいのか情報を正確にとらえられないと，課題の取りかかりに時間がかかったり，初めから取り組もうとしなかったりすることがあります。作業（学習）の手順や取り組む時間（量）を知らせ，作業（学習）に見通しをもたせます。

アイデア 1　作業手順と作業時間をわかりやすく

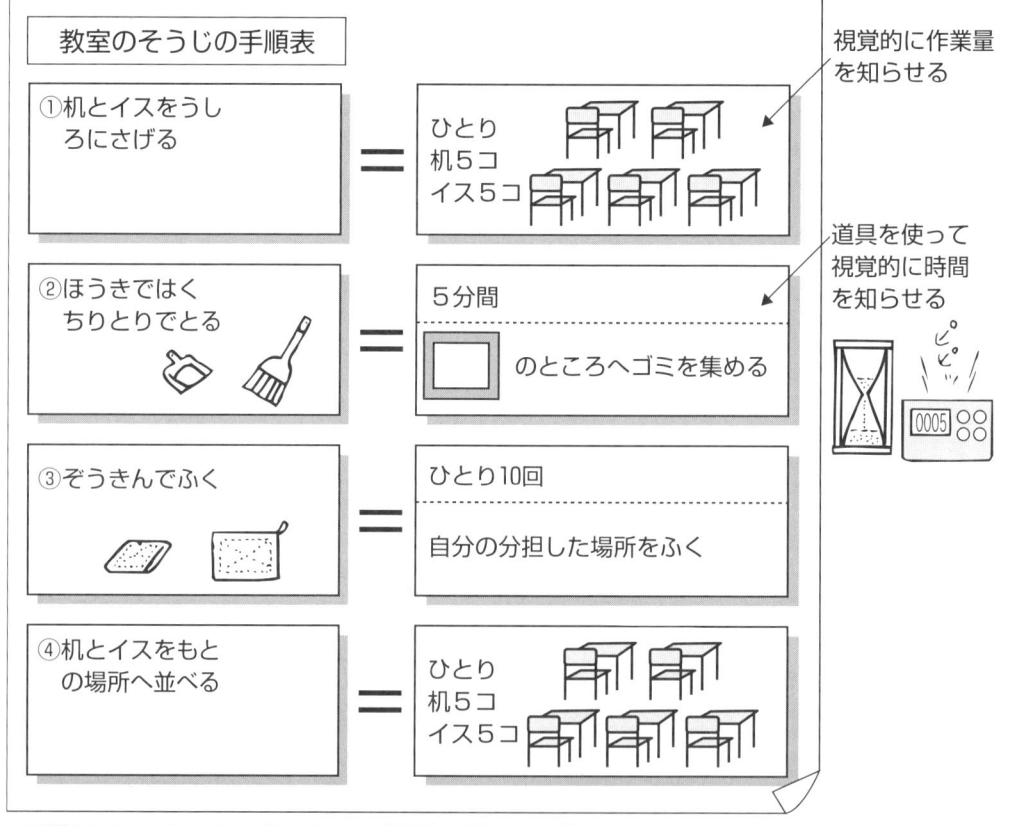

教室のそうじの手順表

①机とイスをうしろにさげる	＝	ひとり 机5コ イス5コ
②ほうきではく ちりとりでとる	＝	5分間／□のところへゴミを集める
③ぞうきんでふく	＝	ひとり10回／自分の分担した場所をふく
④机とイスをもとの場所へ並べる	＝	ひとり 机5コ イス5コ

視覚的に作業量を知らせる

道具を使って視覚的に時間を知らせる

手順を1つずつカードにして，順番に並べて手順表を作る

留意点　手先が不器用な子どもの場合は，作業を手助けする補助具を工夫したり，時間を多めに設定したりします。

応用　調理実習の手順や作業内容を知らせることにも応用できます。とうてい仕上がらないような膨大な計画を立てる傾向のある子にも効果的です。

このような子に

情報を正確にとらえられないと、時間割や教室の変更、初めての出来事や初めての経験など、場面や状況の変化に対応するのがむずかしいことがあります。学校行事では、集団の大きさも変わるので、さらにむずかしくなります。期間全体の予定・一日・時間ごとの活動の流れをわかりやすく知らせ、大まかな活動のイメージと見通しをもたせます。

アイデア 2 スケジュール表の掲示

運動会までの予定

① 教室に掲示する
- 終わった日には×をつける
- 明日、今日、昨日カードを1日ごとに移動する

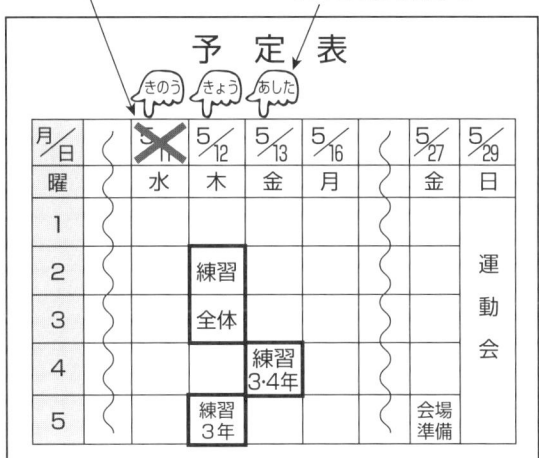

② ミニカードにして携帯
- 縮小コピーしてカードにする
- 「あしたは4時間目だ」

1日の予定
- 黒板の決まった場所に書く。変更は事前に知らせる。
- 「今日は、あさ着替えるんだなもっていくものはイスとぼうしだ」

③ 写真で行動をイメージさせる
- 運動会：入場行進、かけっこ、閉会式、ダンス

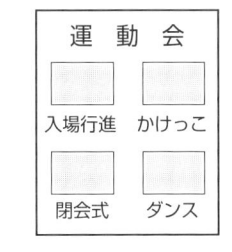

[留意点] もし参加がむずかしい場合は、始めと終わりの時間への参加を促します。次の時間への見通しがもてるよう、特に終わりを大切に、友達と一緒に参加できるよう支援します。

[応用] 教科学習で単元全体、時間ごとの学習活動の流れを知らせることも効果的です。

第3章 問題行動への対応

問題行動への対応

①教室を飛び出す
・どこに行ってしまうかわからない場合
・いつ出て行ってしまうかわからない場合

②他者や自分を傷つける
・すぐ手が出てしまう場合
・混乱すると自分をぶったりかんだりする場合

③友達の物をすぐ取る
・「だれの持ち物か」という意識が薄い場合
・黙って取ってしまったり，使ってしまったりする場合

④乱暴な言葉を使う
・いやなことがあると配慮ない言葉を使う場合
・乱暴な言葉や悪口をわざと言う場合

⑤すぐ泣く
・ささいなことですぐに泣いてしまう場合
・なかなか泣きやまない場合

⑥大きな音を怖がる
・音がいやでパニックを起こしたり，教室から出てしまう場合
・周囲の子どもたちが理解しない場合

⑦ぼーっとしている
・一斉に話されたことを聞き取れない場合
・一斉の指示では行動できない場合

⑧集中できず，落ち着きがない
・1つのことをやりとげられない場合
・さまざまな刺激に過剰反応してしまう場合

問題行動への対応①

教室を飛び出す

1 どこに行ってしまうかわからない場合

授業にあきたり，いやなことがあったり，外で何か音がしたり，外に興味をひかれることがあると，突然，制止を聞かずに教室を飛び出してしまう子どもがいます。

子どもの状態によっては，無理に教室にいさせるよりも，「行ってよい場所」を決めたほうが取り組みやすい場合があります。

子どもが「居場所カード」を自分から貼って「許可カード」を持って行かせれば，指導の区切りがついてから，見に行くこともできます。

対応 行く部屋や対応する人を明確にしておく

ねらい 行き先のわからないまま子どもが教室を飛び出すと，担任は子どもの安全を第一に考え，授業を中断して追いかけなくてはなりません。子どもの行き先と，そこに一緒にいる大人をはっきりさせておくことで，安心して対応できるようにします。

「カードを貼れてえらいね。はい」

いばしょカード
Aくん
ほけんしつ
にいきます

きょかカード

突然飛び出してしまった場合

・見当がつく場合は，職員室に連絡して，だれかにその場所へ確認に行ってもらう

・見当がつかない場合は，だれかに捜してもらうか，他の教員に補教に入ってもらい担任が捜しに行く

指導のポイント

・日常の子どもの行動を観察し，どんな原因や要因で飛び出しているかを調べます。
・子どもが飛び出しそうになったら，教師から意図的に用事を頼みます。
　例：保健カードをもらってくる
　　　職員室にプリントをもらいに行く
・子どもが落ちついているときに，「もし教室から離れたくなったときは，居場所カードを自分で黒板に貼ってから行く」ことを，本人とよく相談しておきます。

・教室を出ていきそうな教科や場面を子どもに予測させ，その場面を想定して，カードを貼ってから行くことを練習します。
・移動には許可カードを渡します。
・出ていくのをがまんできたときや，すぐに戻ってきたときは，「お帰り」「よくがまんできたね」と子どもの行動を評価し，励ます言葉をかけます。

応用するには

・高学年なら，教室を出たくなったときの対策を子どもと一緒に考えます。

2 いつ出て行ってしまうかわからない場合

授業にあきたり，いやなことがあったり，外で何か音がしたりすると，ふらっと教室を出て行く子どもがいます。

授業中に勝手に行動してはいけないこと，学校生活の中では，大人に断ってから行動することが必要なのだ，ということを意識づけることが大事です。

対応 許可を求める方法を教えておく

ねらい 教室を出る前に許可を得させることで，子どもの行動をコントロールしやすくします。また，担任の許可を得ていることが，他の教職員にもわかるようにします。

（吹き出し）いいですよ／保健室へ行ってもいいですか？／きょかカード

いつ出ていくか予測のつきにくい場合

- 一日の始めに許可のとり方を事前指導しておく
- 許可を得に来たら，最初はそのことをほめ，出ることを認める
- 許可を得ないで出てしまった場合，気がついた時点で指導する

指導のポイント

- 「保健室に行っていいですか」などと，教師に断ってから行くように指導します。
- 言い方がわからない子には，文型カードや絵カードで意思表示させます。
- 担任は子どもに許可を出し，移動には許可カードを首に下げさせます。
- 受け入れ先で，許可カードを見て「断ってきて偉いね」などと声をかけます。

留意点

- 1回できたからといって，すぐに条件をつけたりすると，断らないで出ていくようになってしまいます。まずは許可を得るということを第一目標にします。

応用するには

- 許可を得る行動が十分に定着してきたら，「あと10分たったら行っていいよ」「好きな本を借りてきて教室で読んでね」などと，条件を出します。
- 「教室を離れていいのは1日3回まで」のように条件を決めます。

3章 問題行動への対応①

問題行動への対応②

他者や自分を傷つける

1 すぐ手が出てしまう場合

　悪口を言われたと思ったり，自分の思うようにならなかったりすると，すぐカッとなって手が出てしまったり，物を投げてしまったりする子どもがいます。冷静になると，「どうして自分はすぐにカッとしてしまうのだろう」と自分の非を悔やんでいることが多くあります。しかし，同じような場面になるとまた手が出てしまい，後悔するということを繰り返して，次第に自己評価が低くなってしまう場合があります。
　しかられることが多くならないように，自分をコントロールする方法を一緒に考えていきます。

対応　キーワードでコントロールさせる

ねらい　その子どもに合った，自分の行動をコントロールするためのキーワードを獲得させることで，次第に感情をコントロールできるようにさせていきます。

（イラスト：「なんだよ」と言う子ども／「ウッ」「がまんがえらい」とこらえる子ども／ポケットの中にカードが入っている）

指導のポイント

- 少し落ち着いてから話します。トラブルの直後は，本人も相手の子も興奮ぎみなので，その場で話しても効果はなく，かえって興奮を高めることになりかねません。
- 気持ちをコントロールするキーワードを決めます。「負けることだってある。この次がある」「がまんが偉い」などの言葉や，「失敗は成功のもと」「負けるが勝ち」などのことわざが，キーワードになります。
- 同じような場面で，教師が何回もその言葉を使います。
- カッとしてきたとき，自分にその言葉を繰り返し言い聞かせることで，子どもが自分を抑える場面が出てきます。カッとする前の自分の状態がわかってくると，感情を静めたりできるようになってきます。

留意点

- トラブルがあった場に，教師が立ち合っていれば指導しやすいのですが，子どもたちのトラブルは予想できない場面や場所で起きます。初めは，トラブル後の指導で言い聞かせる言葉としてキーワードを使います。

応用するには

- キーワードを机上に貼ったり，お守りのようにつねに身につけ，定着をはかります。

2 混乱すると自分をぶったりかんだりする場合

都合で予定が変更されたり、いつものやり方と違ったりすると、混乱してパニックになり、自傷（自分を傷つける）行為をしてしまう子どもがいます。

このような子どもは、決まったやり方だと安心して取り組めるのですが、それを崩されると不安定になります。パニックや混乱が起きてしまってから止めようとしても、むずかしい場合が多いです。子どもがどんなことに反応するのかをわかっておいて、事前に対応していけば防げます。

対応 事前に見通しをもたせてパニックを減らす

[ねらい] どんな場面で自傷行為が生じるのか、細かく状況を把握し、事前に予告したり、わかりやすい提示の仕方を工夫することで、自傷行為の回数を減らすことができます。

（次はものさしの使い方です）

今日の算数
①宿題のこたえあわせ
②ものさしの使い方
③練習問題
④計算ドリル

[指導のポイント]

・突然の予定変更に抵抗感をもち、パニックを起こす場合が多いので、朝の会で今日の予定を話し、変更があればその子にわかりやすく伝えます。
・担任の出張で他の教師が代わりに入る、授業を参観する人がいるなどの情報も、事前に知らせる必要があります。
・子どもの興味関心が強い事柄や、こだわっているものがある場合の変更は、特に注意が必要です。本人のやりたい方法でできればよいのですが、そうできない場合はていねいに説明して指示します。
・言葉で説明するだけでなく、メモさせる、黒板に一日の予定をはっておく、一時間の流れを板書しておくなどの配慮があると、さらによいでしょう。

[留意点]

・予定変更とは、時間割、場所（特別教室・体育館）、指導者、一緒にやる集団（学年なのか、学校全体なのか、縦割り班なのか）などです。

[応用するには]

・家庭の協力を得て、大きな変更については、前日に持ち物を準備するときにも伝えておいてもらうと効果的です。

問題行動への対応③

友達の物をすぐ取る

1 「だれの持ち物か」という意識が薄い場合

その物を使いたくなったり，欲しいと思ったときに，すぐに行動してしまい，友達の物でも黙って取ったり使ったりしてしまう子どもがいます。

自分の持ち物，友達の持ち物というような所有の意識がないため，「○○ちゃんのものだよ」と注意しても，ぴんとこないことがあります。

本人が意識できるように設定したうえで，指導していく必要があります。

対応 自分の持ち物をはっきりさせる

ねらい それぞれの品物には，それぞれの所有者があって自分の物でなければ勝手に使ってはいけないという認識がまったくなかったり，話をすると理解しているのに，意識が薄いために，他の人の物を使っても何とも感じない子どもがいます。自分の持ち物を目立たせることで「所有」に対する意識化を図ります。

〔あれ？私の？〕

持ち物に自分の印をつける

指導のポイント

・本人や家庭と相談して，子どもの持ち物に，目立つように目印をつけます。本人の物という意識をもたせることが大事なので，好きなキャラクターのシールなどでもよいでしょう。蛍光色を使うと目立ちます。
・ほかの子どもにも，同様に記名してもらいます。
・友達の物を使用していたら，しかるのではなく，「自分の物を使ったほうがいいよ」と本人の物を示し，自分の持ち物に意識を向けさせます。
・帰りの会で各自の持ち物を確認し，他の人の物が入っていたら，持ち主を確かめて返却させます。
・担任だけでなく，友達からも同じように接してもらうことで，効果が上がります。

応用するには

・学級の物，学校の物も意識させるために，学校（学級）のマークをつけて，使うときの借り方，返し方についても事前に指導します。

2 黙って取ってしまったり，使ってしまったりする場合

　人との関係や状況を見ながらうまくかかわれない子の中に，友達から物をもらったり，借りたりするときには，先に相手に断ってから行動するという意識が育っていない場合があります。悪気はないのですが，周囲にはわかってもらえず，「勝手に物を取ってしまう子」とみられてしまいがちです。

　人の物を使いたいときはどのようにしたらよいか，方法や言い方を教える必要があります。

対応 欲しいとき，借りるときの言葉を教える

ねらい　友達の物だとわかっていても，黙って取ったり，使ってしまう子がいます。一言「貸してくれる？」「ありがとう」と言えば，気持ちよく物の貸し借りができることを体験させ，トラブルにならなくて済む方法を教えます。

指導のポイント

・教師が意図的に「○○君の赤鉛筆を借りてきて」と頼み，「赤鉛筆を貸してください」と言わせます。
・できたら「『貸して』と言えて，偉いね」と行動や言葉づかいをほめます。
・日常場面で友達から物を借りるとき，初めのうちは，教師がついていって確認します。
・「貸して」という言葉が出ずに黙っているようだったら，教師がそっと耳元で「か」とささやきます。語頭をヒントにして「かして」と言えるように促します。
・同様に，「『ありがとう』と言って返してきてね」と，返す場面もつくります。
・黙って使ってしまった場合は，「ありがとう。黙って使ってごめんね」という言い方を教え，言わせてから返させます。

応用するには

・子どもによっては，言うべき言葉をカードに書いて，必要なときに持っていって，見ながら言うようにさせてもよいでしょう。

問題行動への対応④

乱暴な言葉を言う

1 いやなことがあると配慮ない言葉を使う場合

友達に気に入らないことをされたり，教師から少し強く指示されたりすると，気持ちがおさまらずに，知っている限りの悪口を並べ立ててしまう子がいます。語彙が多いと思われがちですが，子どもは言葉の裏に隠れている意味に気づいていなかったり，その言葉の意味としてとらえている概念が薄かったり，幅が狭いことがあります。

また，ささいなトラブルでも「殺してやる」のようなぶっそうな言葉を言う子もいます。言葉のもつ重さを理解していないことが多く，周囲に与える影響をわかっていないこともあります。

対応 言葉の重さ・軽さを考えさせる

ねらい 大したことではないにもかかわらず，大げさな表現をして激しく怒ったり，乱暴な言葉をだれにでもかまわず言ってしまう子どもに，言葉には重い・軽いがあることを教え，適切な言葉を使えるようにします。

かるい ←				→ おもい
1	2	3	4	5
やめてよ		バカ		しね

よく言ってしまうことば

- うそつき
- ころす
- きらい
- あっちいけ
- やだ
- かおもみたくない

指導のポイント

・言ってはいけない悪口や乱暴な言葉，汚い言葉を，冷静なときにたくさん考えさせます。思いつかない言葉を教師が加えます。

・言葉には段階があることを説明し，教師がいくつかを段階に分けてみせます。5段階に分けて整理します。

・残った言葉を子どもに分けさせます。意味を理解できなかったり，わかっていないときは，教師が説明しながら分けさせます。

・ふだん子どもが乱暴な言葉を使ったときには，言葉の段階カードを示し，そのときに使うとよい，適切な言葉に置きかえます。

・教師も，子どものモデルになるように，冷静な言い方で対応するようにします。

応用するには

・ほめ言葉や丁寧語の段階も教えます。そういう言葉を使えたときには，上手にできたことを大いにほめます。

・「よい言葉を使うと，相手が喜んでくれて，自分も気持ちがよい」ということを，感じさせていくとよいでしょう。

2 乱暴な言葉や悪口をわざと言う場合

乱暴な言葉を使うと周囲の反応が大きいので，面白がって（ある場合には，みんなにうけていると思って），わざと使っていることがあります。これは，見方を変えると周りとの関係をもちたいという気持ちの表れでもあります。

教師が間に入って，人との適切なかかわり方を教えたり，遊びの機会をもたせることで，乱暴な言葉を言うよりも，満足感がある，楽しいと感じさせるようにします。

対応 ストップカードで使ってはいけない言葉を示す

ねらい 深い意味がわからないまま，面白がって乱暴な言葉や汚い言葉を使い，周囲の反応を楽しむような子どもがいます。ストップカードを使うことで，使ってよい言葉と使うべきでない言葉を理解させます。

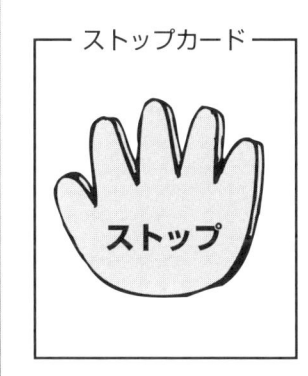

指導のポイント

- やめさせたい乱暴な言葉や汚い言葉，悪口を言ったとき，子どもの口の前にストップカードを出して，「ストップ」とかけ声をかけます。教師の表情も合わせて，言うのをやめるように促します。
- 言うのをやめたら，「ストップカードがわかって偉いね」とほめます。
- その後，相手の子どもと一緒に遊んだり，本を見たりするように誘導して，教師も一緒につきあうようにします。

応用するには

- 「入れて」「一緒に遊ぼう」「鉄棒しよう」などの友達を誘う言葉を，実践の場面を通して教えます。
- 友達関係をつくる言葉を増やし，良好なかかわり方を教えていきます。

問題行動への対応⑤

すぐ泣く

1 ささいなことですぐに泣いてしまう場合

いやなことがあったり，思いどおりにいかないことがあったりすると，すぐに泣いてしまう子がいます。同学年の子どもに比べると，原因はささいなことに思えます。

しかし，泣くという行動には，何か理由があるはずです。その理由を，教師が把握しておくことが大切です。

対応 泣かないことを目標に

[ねらい] 泣き方にもいろいろあります。泣きわめく，気を引こうとして大声を出して泣く，しくしく泣くなどです。泣き方や泣いた理由によって，納め方は違います。それぞれの理由に合わせて，泣かないことを目標にすることで，回数を減らしていきます。

「くやしかったんだね…」

「仕方ない 仕方ない」

目標 負けても泣かない

[指導のポイント]
- 「勝負に負けたら泣くだろう」などと予想がつく場合は，あらかじめ「負けても泣かないこと」を目標として示します。
- 「○○がいやだったんだよね」と，教師にくやしさを共感してもらうことで，自分の気持ちを受け止めることができるようになり，泣かない目標につなげられます。
- 負けて「くやしい，くやしい」と泣くのではなく，「仕方ない」「次がある」などとがまんさせることも大切です。

[留意点]
- 泣くのが癖になっているとすぐに涙が出てきてしまったり，泣くと感情が高ぶって落ちつくのに時間がかかってしまうので，泣かない練習が大事になります。

[応用するには]
- 1日に何回も泣く場合は，「泣くのは2回まで」というように，わかりやすい具体的な目標を設定しておき，守れたらほめてあげます。

2 なかなか泣きやまない場合

　泣きやむまでにかかる時間は，泣いた理由や，その子にとってどのくらい重要な事柄だったかによって違って当然です。しかし，本人に泣きやもうとする意思があれば，早めに泣きやむことができます。そのための時間計測です。

　子どもが時間を計ることを前向きに受け止められるようになると，時間を計ることで自分で気持ちを納めようとする気持ちが働くようになり，感情のコントロールの仕方が体験からわかるようになってきます。

対応 泣きやむまでの時間を計る

ねらい　一度泣いてしまうと，なかなか泣きやまずに，回復するのに時間のかかる子どもがいます。時間を意識できる子であれば，立ち直るまでの時間を計ることで，自己コントロールの仕方を身につけさせます。

時間を計って以前と比較する

（今日は前のときよりずっと早く泣きやんだよ　えらかったね）

ヒック

[応用編]

（この砂時計が落ちるまでに泣きやむかな？）

グスグス

指導のポイント
- はじめは本人に気づかれないよう担任が時間を計り，何分か記録しておきます。
- 早めに泣きやんだときをとらえて，具体的な数字を示し，前と比較してほめます。

留意点
- 泣くことがいけないのではなく，感情をコントロールすることが大切だと教えていきます。

応用するには
- 砂時計やタイマーなどを使って，目標時間をセットするやり方もできます。目に見える形で時間が減っていくのがわかり，効果的です。時計や砂時計がゼロになるまでに泣きやもうという意識が出てきます。

問題行動への対応⑥

大きな音を怖がる

1　音がいやでパニックを起こしたり，教室から出てしまう場合

　音に対して過敏で，大きな音がすると耳をふさいだり，耐えられずにその場所から離脱してしまう子どもがいます。どうしてよいかわからずパニックになる場合もあります。

　さほど大きくない音にも反応することも多いのですが，その子にとっては，頭が痛くなるほどの音であったり，その音のせいで教師の声が聞こえなくなってしまったりするような，不快感や不安を与えるものなのです。がまんさせようとするのではなく，教室をいやすい環境にしていくことが大事です。

対応 音の環境を整備する

[ねらい]　音に敏感な子がいるときは，できるだけ大きな音を立てずに済むようにしたり，ある場面では別の部屋に移動させるなどの配慮をすることで，学校生活全般の不安を少なくします。

[指導のポイント]
・子どもが，どんな場面で，どんな音をいやがるのかを把握します。
・代用できる音や方法があれば使います。
　運動会のピストル→笛やタンバリンや太鼓
・避けられない場合は，そのときだけ音の聞こえない場所へ行くようにします。
・音楽の合奏の音がガンガン響いて不快に思って飛び出してしまいそうな場合は，その時間だけ図書室などに行くように，事前に話しておきます。
・場面によっては，耳せんを使用します。

[留意点]
・「こんな音に反応するなんておかしい，慣れれば大丈夫」と教師が思って，無理強いをしないように気をつけます。

[応用するには]
・大きな音に耐えられないときは，自分から教師に話したり，カードを渡せばその場からはずれることを許すようにします。

2 周囲の子どもたちが理解しない場合

　音に過敏で怖がっている子どものことが，なかなか周囲の子どもに理解されず，反対にわがままだと非難されることがあります。口頭で説明するなど，頭で理解させようとしても，子どもたちは納得しにくいものです。
　自分にもいやな音があることを説明することで，「わかる，わかる」「自分も同じようなことがある」「うるさいといやだね」と，共感できるように話します。

対応　苦手な音を話し合おう

ねらい　学級の子どもが，音に過敏で怖がっている子どものことを理解できないとき，本人のつらさに共感して協力してもらえるように説明します。

指導のポイント

- 大きな音やいやな音，耐えられない音がないか，子どもたちの経験を話し合います。
- その嫌いな音に長時間さらされたら，どんな気持ちになるか想像させます。
- 音に過敏な子は，みんなが感じる感じ方と違うということ，普通以上に大きな音に聞こえていること，ずっとその中にいることがとてもつらいことを説明します。
- その子の苦手なことがわかったら，静かにすることや，いやがる音を立てないなど，協力してほしいことを担任として頼みます。
- 話し合ったことについて感想を言ってもらいます。

応用するには

- 学級の実態や学年によっては，子どもの作文，読解教材，道徳教材などを導入として使うと，共感するように誘導しやすい場合もあります。

問題行動への対応⑦

ぼーっとしている

1 一斉に話されたことを聞き取れない場合

　個別に話しかけると反応するのですが，クラス全体への話だと，ぼーっとしている状態になってしまう子がいます。
　教師が全体に対して話すだけでは，自分に言われているという意識がもちにくく，聞こうとする姿勢をつくることができないためです。

対応　注意を集めるさまざまな刺激を工夫する

ねらい　子どもが自分に対して言われていることがわかるように，言葉だけでなく，身体への接触，音の刺激，視覚的な補助などのいろいろな刺激（諸感覚）を使って注意を促し，教師からの指示を受け止めるようにさせていきます。

体にさわって注意をひく

指導のポイント

・教卓をトントンとたたく，手拍子を打つ，鈴や呼び出しベルを鳴らすなどして，子どもの注意が教師に向いたことを確認してから話します。
・話の内容は，目でも見えるように，黒板に箇条書きにしていきます。大事な点は，色チョークで囲んだり，文字カードにして貼ったりします。
・黒板をコンコンとたたいて，黒板や教師を見るよう注意を促しながら話します。
・特に大事な話をするときには，その子どものそばに行って肩をたたいたり，手をにぎったり，頭に手を置いたりして，身体にさわって注意を喚起したうえで話します。

留意点

・はじめに注意をひきつけても，長い話や長い説明に対して集中は持続しません。なるべく短く，要点だけを話します。

応用するには

・短い言葉で繰り返した指示や板書を，子どもにメモさせます。メモを取ろうと意識すると，注意が教師や黒板に向きます。書くことで手を動かすのも，諸感覚を使うことにつながります。

2 一斉の指示では行動できない場合

　一斉の指示だけでは，自分に言われているという意識がもちにくかったり，うまく聞き取れなかったりして，ぼーっとしている状態になってしまう子がいます。
　大勢の中では教師の話を聞きとることがほとんどできず，何をしたらよいのか，やるべきことがわからないことが多いのです。名前を呼んだり，そばまで行って課題が合っているかを確認したり，できていることを評価したりします。

対応　個別の指示で目標や課題を意識化させる

ねらい　全体への一斉指示と本人への個別指示を上手に組み合わせて行うことで，目標や課題を意識させます。個別指示は，一斉指示のすぐあとに行えば，学級全体の流れが切れるようなことがありません。

①全体への指示をする

（吹き出し）9ページの②の計算をしてください
（吹き出し）たしかめもするんだよ

②直後に個別にも指示をする

（吹き出し）A君　9ページだよ

指導のポイント

・一斉指示の前や途中で，「○○君，聞いていますか？」などと名前を呼んで注意を促します。
・「○○君，先生の顔を見て話を聞いてください」と，話している人の顔に注目させ，注意を教師の方へ向けさせます。
・学級全体に話したあとに，個別に「○○君，いま9ページですよ」と繰り返します。
・子どものそばに行って「そう，9ページですね」と，実際に指示がつかめたかを確認しながら全体の話を進めます。
・集中して聞いている様子が見えたら，「○○君，よく話を聞いてるね」とすかさずほめます。よく聞いていたことが本人にもわかるように，◎の印を書いたカードを渡したり，表にシールをはったりします。

応用するには

・話だけで集中しにくい場合には，大事な点のメモを渡したり，話題になっているものの実物を机上に置いたりして，目でも確認できるようにします。

問題行動への対応⑧

集中できず，落ち着きがない

1　1つのことをやりとげられない場合

　授業中，教師の指示に従って自分から課題に向かって，一定の時間注意を集中させることが困難な子どもがいます。自分の興味，関心があることについては注意を集中することができますが，そうでないとすぐにあきてしまったり，他のことに注意が向いてしまって，結局課題を最後までやり遂げられません。

　課題ができないことで劣等感を抱かせないために，授業中の課題の与え方を工夫し，上手に切り替えをさせることで学習へ向かわせるようにします。

対応　作業を区切って集中力を持続させる

ねらい　注意を集中できる時間が短いため，いつも課題を途中で投げ出す子どもがいます。その子の集中できる時間に合わせて作業時間を短くしたり，休憩を入れたりしながら短いスパンでの課題を組み立てることで，最後までやり通すことができます。

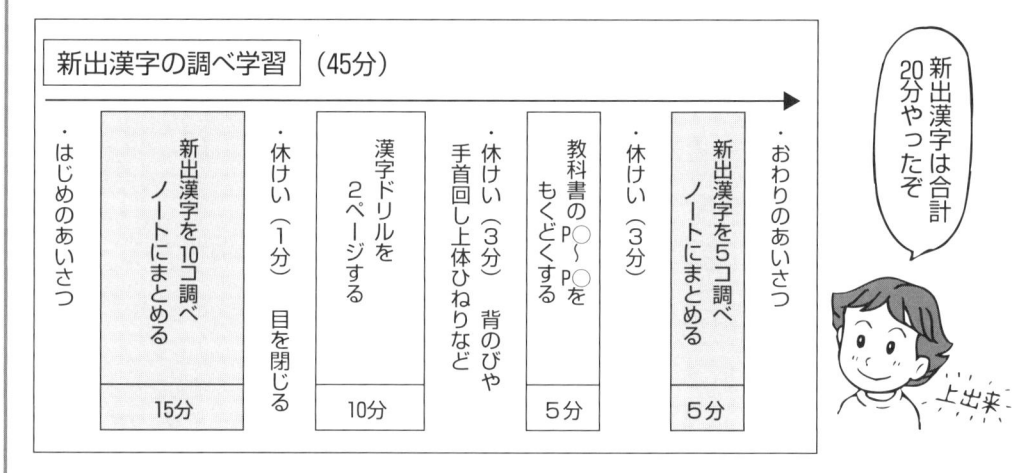

【新出漢字の調べ学習　(45分)】

- はじめのあいさつ
- 新出漢字を10コ調べノートにまとめる　15分
- 休けい（1分）目を閉じる
- 漢字ドリルを2ページする　10分
- 休けい（3分）背のびや手首回し上体ひねりなど
- 教科書のP○〜P○をもくどくする　5分
- 休けい（3分）
- 新出漢字を5コ調べノートにまとめる　5分
- おわりのあいさつ

「新出漢字は合計20分やったぞ」「上出来」

指導のポイント
・1時間の授業の中を5〜15分で区切り，それぞれの課題の内容と，課題に取り組む時間を提示します。
・課題の間には，休憩タイムを設けます。
・時間が進むにしたがって，課題は短く，休憩が長くなるよう設定します。
・1時間の流れをカードで子どもに示します。
・終わった課題のカードは，取り外します。

留意点
・休憩時間に何をしてもいいことにすると，好きなことを始めて次の課題に移れなくなるので，リラックスして次の課題に向かえるような内容を指示します。

応用するには
・作業の長さは，時間で区切るほかに，量で区切ることもできます。
・時計が読めないときは，タイマーや音楽テープなどで時間を知らせます。
・他の教科や，読書・計算・漢字などのドリル学習・作品の製作などにも応用できます。

2 さまざまな刺激に過剰反応してしまう場合

通常，課題に集中していると，他の刺激（友人の動き・さまざまな音・窓の外の様子など）はさほど気にならないものですが，周囲の小さな動きや音にも過剰に反応してしまう子どもがいます。本人も反応したくないのですが，刺激に引きつけられてしまって，落ち着かなくなってしまったり，過剰反応することで必要以上に神経を使って疲れてしまいます。

そのような子どもには，刺激を遮断してあげたり，座席の位置を配慮してあげる必要があります。

対応 座席とついたての工夫でよけいなものをシャットダウン

[ねらい] 周りからの刺激をうまく選択できずに，次々と興味が移り変わり，注意散漫になる子どもがいます。不要な刺激を遮断して落ちつける環境にしてあげることで，集中して取り組むことができるようになります。

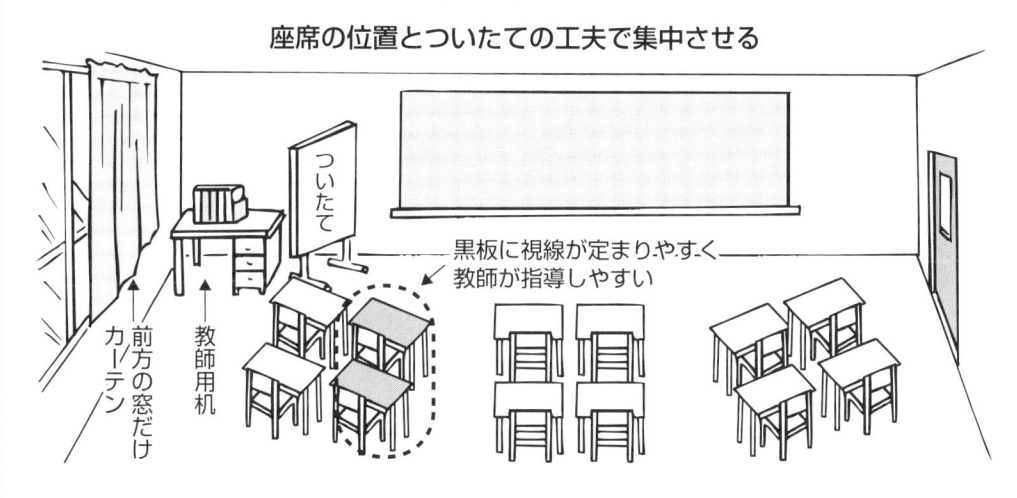

座席の位置とついたての工夫で集中させる

（図：カーテン／前方の窓だけ／教師用机／ついたて／黒板に視線が定まりやすく教師が指導しやすい）

[指導のポイント]
・座席位置は，子どもの実態に応じて工夫します。刺激に影響されやすい子どもは一番前がよいでしょう。また，人に対して感じやすい子どもは2列目あたりがよいようです。子どもによって選択できるなら，壁際や出入り口の近くなど，集中しやすい場所を自分で選ばせてもよいでしょう。
・教室のさまざまな物に反応してしまう場合は，黒板の左についたてを立て，教師用机や文房具など，気が散りやすい物を隠すと，集中しやすくなります。

[留意点]
・座席やついたての工夫は補助的な支援です。内容や課題提示の工夫をして，わかる授業，楽しい授業，変化のある授業を心がけます。
・このような子どもは，必要以上に神経を使って疲れるので，子どもの表情や行動をよく観察して，気配りすることが重要です。

[応用するには]
・個別に作業をさせる場合に，ついたての後ろの教師用机を使わせることもできます。

あとがき

　特別支援教育は，すでに日々の教育活動のなかにあります。

　私が「特別支援教育とは，すでに日々の教育活動のなかで行われていたことに，少し理解と認識を広げ，教育に深みと幅を加えたものなのです。自分には対応できないという殻を破って，ご自分のできることから支援の手を広げていきましょう」とお話をすると，聞いている方々のなかに，その言葉がすーっとしみ渡っていくのを感じることがあります。

　多分，みなさんは「軽度発達障害」について，知らなかっただけなのだと思いますし，知らないことなので理解も支援方法もイメージできなかったのではないかと思います。だから，本書の中の支援方法の，どこからでも，できることから，取り組んでいただけたら幸いです。また，本書を活用していただくことで，障害があるなしにかかわらず，どの子へも温かな支援がおこなわれる一助になることを願ってやみません。

　最後に，本書の編集にあたっては，図書文化社の渡辺佐恵さんから，既刊『教室で行う特別支援教育』(月森久江共編)の好評を受け，続編になるような，具体的な支援のアイデア教材集を出版しないかというお話があり，今回，編者を務めさせていただきました。あたたかな後押しに謝意を表したいと思います。

平成17年9月

月森　久江

編者紹介

月森 久江 つきもり・ひさえ

東京都杉並区教育委員会教育人事企画課指導教授。前杉並区立中瀬中学校通級指導学級担当。早稲田大学大学院教職研究科非常勤講師を兼任。日本女子体育大学体育学部卒業。公立中学校（通常）で保健体育科の教師として教鞭をとる傍ら，教育相談（都研上級スクールカウンセラー研修修了）やLD（学習障害）についての研修や研究を重ねる。現在，日本LD学会認定の特別支援教育士スーパーバイザー，日本学校教育相談学会会員である。文部科学省「小・中学校におけるLD・ADHD・高機能自閉症への教育支援体制の整備のためのガイドライン（試案）」策定協力者として特別支援教育コーディネーター部門担当リーダーであり，小・中学校教員用担当も務める。東京都杉並区教育委員会表彰，第一回受賞者。第40回博報賞特別支援教育部門，個人賞ならびに文部科学大臣奨励賞受賞。

おもな著書に，『教室で行う特別支援教育』（共編）『教室でできる特別支援教育のアイデア172小学校編』『同 中学校編』（編）図書文化，『ADHD・LD・高機能PDDのみかたと対応』（分担執筆）医学書院，『学校で活かせるアセスメント』（分担執筆）明治図書ほか多数。

分担執筆者紹介

安藤 壽子 あんどう・ひさこ
横浜市立本郷台小学校副校長
担当：第1章6節，第2章2節，第2章5節

梅田 真理 うめだ・まり
仙台市発達相談支援センター主査
担当：第1章1・2節

熊本 葉一 くまもと・よういち
一関市立山目小学校教諭，一関市特別支援教育広域コーディネーター
担当：第1章9節，第2章4・7節，第3章8節

齋藤 眞理子 さいとう・まりこ
中野区立塔山小学校教諭（情緒障害通級指導学級担当）
担当：第2章1節

長谷川安佐子 はせがわ・あさこ
新宿区立天神小学校教諭（情緒障害通級指導学級担当）
担当：第1章5節，第3章1〜7節

服部 美佳子 はっとり・みかこ
栃木県発達障害者支援センター臨床心理士
担当：第1章3・4節

三島 節子 みしま・せつこ
LD発達相談センターかながわ
担当：第1章7・8節

毛利 あかね もうり・あかね
北九州市立筒井小学校教諭（情緒障害通級指導学級担当）
担当：第2章6節・第2章8節

米田 和子 よねだ・かずこ
堺市立向丘小学校教諭（情緒障害通級指導教室担当）
担当：第2章3節

シリーズ 教室で行う特別支援教育3
教室でできる
特別支援教育のアイデア172 小学校編

2005年11月10日　初版第1刷発行［検印省略］
2023年4月10日　初版第42刷発行

編集者	ⓒ月森久江
発行人	則岡秀卓
発行所	株式会社 図書文化社
	〒112-0012　東京都文京区大塚1-4-15
	Tel.03-3943-2511　Fax.03-3943-2519
	振替　00160-7-67697
	http://www.toshobunka.co.jp/
装幀者	本永恵子デザイン室
DTP・イラスト	松澤印刷株式会社
印刷所	株式会社 厚徳社
製本所	株式会社 村上製本所

JCOPY ＜出版者著作権管理機構 委託出版物＞
本書の無断複製は著作権法上での例外を除き禁じられています。複製される場合は，そのつど事前に，出版者著作権管理機構（電話 03-5244-5088，FAX 03-5244-5089，e-mail: info@jcopy.or.jp）の許諾を得てください。

ISBN 978-4-8100-5457-6　C3337
乱丁・落丁本の場合はお取り替えいたします。
定価はカバーに表示してあります。

シリーズ 教室で行う特別支援教育

個に応じた支援が必要な子どもたちの成長をたすけ，学校生活を楽しくする方法。
しかも，周りの子どもたちの学校生活も豊かになる方法。
シリーズ「**教室で行う特別支援教育**」は，そんな特別支援教育を提案していきます。

ここがポイント学級担任の特別支援教育

通常学級での特別支援教育では，個別指導と一斉指導の両立が難しい。担任にできる学級経営の工夫と，学校体制の充実について述べる。

河村茂雄 編著
B5判　本体2,200円

応用行動分析で特別支援教育が変わる

子どもの問題行動を減らすにはどうしたらよいか。一人一人の実態から具体的対応策をみつけるための方程式。学校現場に最適な支援の枠組み。

山本淳一・池田聡子 著
B5判　本体2,400円

教室でできる **特別支援教育のアイデア** 〔小学校編〕〔小学校編 Part 2〕

通常学級の中でできるLD，ADHD，高機能自閉症などをもつ子どもへの支援。知りたい情報がすぐ手に取れ，イラストで支援の方法が一目で分かる。

月森久江 編集
B5判　本体各2,400円

教室でできる **特別支援教育のアイデア** 〔中学校編〕〔中学校・高等学校編〕

中学校編では，授業でできる指導の工夫を教科別に収録。中学校・高等学校編では，より大人に近づいた生徒のために，就職や進学に役立つ支援を充実させました。

月森久江 編集
B5判　本体各2,600円

通級指導教室と特別支援教室の指導のアイデア 〔小学校編〕

子どものつまずきに応じた学習指導と自立活動のアイデア。アセスメントと指導がセットだから，子どものどこを見て，何をすればよいか分かりやすい。

月森久江 編著
B5判　本体2,400円

遊び活用型読み書き支援プログラム

ひらがな，漢字，説明文や物語文の読解まで，読み書きの基礎を網羅。楽しく集団で学習できる45の指導案。100枚以上の教材と学習支援ソフトがダウンロード可能。

小池敏英・雲井未歓 編著
B5判　本体2,800円

人気の「ビジョントレーニング」関連書

学習や運動に困難を抱える子の個別指導に
学ぶことが大好きになるビジョントレーニング

北出勝也 著
Part 1　　　　B5判　本体2,400円
Part 2　　　　B5判　本体2,400円

クラスみんなで行うためのノウハウと実践例
クラスで楽しくビジョントレーニング

北出勝也 編著　　B5判　本体2,200円

K-ABCによる認知処理様式を生かした指導方略

長所活用型指導で子どもが変わる

藤田和弘 ほか編著

正編 〔特別支援学級・特別支援学校用〕 B5判 本体2,500円
Part 2 〔小学校 個別指導用〕 B5判 本体2,200円
Part 3 〔小学校中学年以上・中学校用〕 B5判 本体2,400円
Part 4 〔幼稚園・保育園・こども園用〕 B5判 本体2,400円
Part 5 〔思春期・青年期用〕 B5判 本体2,800円

図書文化

※本体価格には別途消費税がかかります